For Dorothy,
"Princesa Micomicona",
with best regards

x i.76.

HAZ Y ENVÉS DEL CUENTO RISIBLE EN EL
EN EL
SIGLO DE ORO

ALAN C. SOONS

HAZ Y ENVÉS
DEL
CUENTO RISIBLE
EN EL
SIGLO DE ORO

Estudio y Antología

TAMESIS BOOKS LIMITED
LONDON

Colección Támesis

SERIE A - MONOGRAFIAS

Depósito Legal: M. 2.669 - 1976
ISBN: 84-399-4753-4
Printed in Spain
by Artes Gráficas Clavileño, S. A.
Pantoja, 20 - Madrid-2

for

TAMESIS BROOKS LIMITED
LONDON

A Rosalie

INDICE

PREFACIO

Este estudio propone un enfoque de las supervivencias multiformes del cuento risible aproximadamente desde la fecha en que se instaló la imprenta en España. Esta especie sencilla, pero no por eso «popular», de la narración englobó como forma otras manifestaciones literarias y, a veces, penetró como elemento decisivo en obras más largas. Han de examinarse bajo este aspecto cuentos en prosa, romances de pliego suelto, entremeses dramáticos, novelitas «picarescas» y «cortesanas», y tal y cual obra maestra de la novela, como género amplio y fértil. Este fenómeno narrativo, con sus estructuras inconfundibles, poseía afinidades psicológicas demostrables con otras estructuras normativas de varias facetas del vivir en sociedad, las cuales, por «anticristianas» que fuesen, a veces sobrevivían hasta tiempos muy recientes. Las situaciones típicas del cuento irrisorio, que aquí nos proponemos denominar *fabliella*, y sus personajes típicos (aquí *figuras* —sustantivo masculino como en los entremeses del siglo XVII—) pasan, según se espera demostrar, a modificar el contenido de las más diversas obras de literatura. Puede ocurrir esto por medio de intercalaciones, o bien por la intrusión condensada o difusa de la fabliella dentro de las tramas mismas. Sería por eso instructivo tener en la mente estas estructuras hondas, «primitivas», no sólo cuando se trata de un *Lazarillo de Tormes* o del *Retablo de las maravillas*, sino también de los *Quijotes* de Avellaneda y de Cervantes.

Va a continuación una breve antología de fabliellas y de material fabliellesco, principalmente de textos no muy asequibles, en prosa o en forma de romances de ciego u otras poesías narrativas, que algunas veces hemos traducido del catalán y del portugués. Se nos ha impuesto la necesidad de presentar los textos no tanto como muestrario literario como en forma esquematizada, prescindiendo del elemento ornamental o estilístico y modernizando la ortografía. Sobre todo se señala la segmentación, binaria u otra, de la fabliella.

Quisiera en este momento expresar mi agradecimiento a las bibliotecas universitarias de Harvard, Massachusetts y Rice, a las de Smith College y de la Hispanic Society, y al Museo Británico.

A mis maestros y amigos, que revisaron este trabajo cuando revestía integumentos de disertación, Raimundo Lida, Stephen Gilman, Donald Stone y David Bynum. También a mi estimado colega Alberto MacLean, por innumerables consejos de toda índole en cuanto a la presentación del material; por último, a mi esposa, que me ofreció inestimable apoyo en todo momento.

    Mención aparte merece la ayuda que me ha prestado el Roswell Park Fund de SUNY; quede constancia aquí de mi gratitud.

A. C. S.

I

CLAVES DEL CUENTO RISIBLE O FABLIELLA

El hombre vive desde la infancia rodeado de cuentos. Los cuentos le llegan ya sencillos, ya más complicados por muchas vías, por el medio oral tanto como por los libros de dibujos en serie o los impresos de modo más serio y tradicional. Aquí nos proponemos estudiar un tipo de cuento que todavía tiene su atractivo, el cuento risible, y también, si es posible, la psicología que le da su ambiente, su auditorio. Mejor dicho, que le dio ambiente y auditorio en un período preciso de la historia, el Siglo de Oro español. Un primer objetivo será el distinguir esta especie narrativa entre las varias otras con las que ha siempre convivido, y el elegir un nombre inconfundible debido a la notoria imprecisión que existe en el campo de la taxonomía literaria.

Estuvo en boga, pues, un cuento breve destinado a provocar la risa bajo varios nombres, de la Edad Media en adelante, en España. Hasta aquí se ha utilizado una nomenclatura como «facecia», «conseja», «patraña», «fabliella» y aun «cuentecillo» a secas, y cada uno de estos nombres podría bastar de no haber sido aplicados todos a las narraciones más disparatadas, desde el punto de vista morfológico. Vamos a aplicar aquí a este género literario, entonces, únicamente el nombre de «fabliella», nombre quizás anticuado, pero que figura todavía en el Diccionario de la Real Academia.

Los orígenes más remotos del cuento risible han sido siempre muy difíciles de investigar, pero se puede aseverar que dos antecedentes claros tiene la fabliella del período en consideración: el *ejemplo* más o menos moralizador en la tradición de la *Disciplina clericalis* de Pedro Alfonso y del *fabliau* de allende los Pirineos aclimatado por Juan Ruiz; y la *facetia* o apotegma procedente de colecciones italianas o del latín de los humanistas. Lo que demuestra el cuento, que llega a la zaga tanto de una tradición cuanto de la otra, es una apelación franca a la capacidad humana de reír. Los cuentos que atañen otras capacidades, como las sensibilidades frente al patetismo de los aspectos más bien trágicos de la vida, frente a lo numinoso, lo enigmático que rodea los efectos de la magia benéficos o maléficos, o frente a la intervención de poderes no humanos en el mundo, son radicalmente diferentes. Se pudiera objetar que en muchas fabliellas hay intrusión de espíritus familiares y duendes, pero esto no constituye realmente ninguna contradicción, puesto que el personaje típico de la fabliella, el llamado *figura* cree en la existencia de tales entes semiserios, o puede inducirse a creer en ellos.

Es, pues, esencial que el contenido de este tipo de obra sea risible antes de todo, y además dependiente de una situación incongruente. De igual importancia será el hecho de que esté organizado en dos «cuadros» dentro de la narrativa, fácilmente visualizables por quien escucha o lee, pero no necesariamente presentados como acontecimientos. Es posible que se haga meramente alusión a uno de ellos, pero el ojo mental percibirá (i) la situación antes del triunfo o de la «derrota» del figura, y (ii) la situación posterior en la cual ese triunfo o catástrofe se realiza. Lo incongruente entre los dos cuadros, la sorpresa que solemos experimentar cuando el segundo no comprueba lo anticipado, despierta la risa. Cuanto mayor sea la rapidez de transición entre (i) y (ii) provocará una risa más intensa. No hay que concluir, sin embargo, que haya siempre proximidad entre los cuadros narrativos. Veintidós largos capítulos separan, por ejemplo, el comienzo de la fabliella de la prueba de los principios caballerescos del *Quijote* de Fernández de Avellaneda —autor, como veremos, de fabliellas—, de su complemento en la escena de la aparición del «gigante Bramidán de Tajayunque».

Cicerón había formulado ya en la Antigüedad la teoría de que el auditorio reirá cuando haya esperado cierto efecto y luego se produzca lo contrario. Y de veras concurren muchos psicólogos modernos explicando el fenómeno de la risa como una descarga básica de tensión. Estamos constantemente previendo lo que ha de ocurrir en la vida, formándonos en lo más íntimo un cuadro de posibilidad, tanto cuando pensamos en nuestra propia vivencia como cuando trasponemos los pensamientos a otra gente con su posible porvenir. Luego, en un instante, destella otra situación y hay que corregir acto seguido nuestra estimativa. Sise percibe rápidamente una gran discrepancia la risa no tarda en producirse. Parecido procedimiento psíquico, cabe anotar aquí, se opera cuando hemos acertado a resolver una adivinanza.

Hay muchas variedades de fabliella, desde luego, que caben dentro del esquema indicado, y su estudio formará la materia de capítulos posteriores. Cuando, empero, observamos que los dos cuadros no están claramente desarrollados el cuentecillo breve que resulta mejor se categoriza como *chiste*. Fabliella y chiste ambos intentan provocar la risa y ambos operan alrededor de cierto momento de triunfo o de súbito revés. Sólo la fabliella, sin embargo, nos representa dos escenas vívidas, tal vez interesantes y risibles cuando leídas por separado. El chiste en cambio, con relativa economía de escenario, suele depender de lo verbal, tal vez de la pericia del mismo auditorio en materia de acepciones descomunales o especializadas.

Los dos cuadros aludidos como visualizables dentro de la fabliella ayudan mejor a constituir una estructura interior que a dotarle de forma escueta. Se podría decir con mucha justicia que es un tipo de materia que anda buscando, como el cuclillo el nido ajeno, alguna forma preexistente en donde plasmarse. El género corto más asequible en los primeros tiempos fue el *ejemplo* del predicador medieval, una narración que solía llevar consigo el didactismo. Es por eso que sobrevive un epílogo didáctico apegado a muchas fabliellas, a pesar de que se puede observar que la situación moral reflejada en el cuento no ha sido examinada de ningún modo. Lo más probable es que la narración esté subrayando lo desconectado de la realidad y lo irracional de gran parte de la actividad de los hombres ; nada se puede remediar con la aplicación de principios éticos.

También se vale el autor de fabliellas de otra forma, la de la anécdota histórica. Es interesante ésta por la potencia única que lleva encubierta para reflejar el ser íntimo y la actitud mental inconfundible de ciertos individuos dentro del discurrir histórico. Ocurren estas relaciones anecdóticas en varias colecciones del siglo xvi, pero nos sorprende lo poco que sus autores se han interesado en la verdadera idiosincrasia. Lo que cobra mayor relieve es cómo cierto individuo reaccionó frente a golpes de la fortuna, o cómo se valió de la insondable fuerza del sino. El momento en que un carácter se acrisola o tal vez cuando una prontitud inolvidable se dispara se presenta como incidente sencillo, velozmente bosquejado en cuanto a tiempo y lugar. Un lector de estos cuentos históricos o seudohistóricos no siente incredulidad ante el *se non è vero...* que implican, sino se complace en ver lo característico triunfar a veces sobre lo imparcialmente atestiguado. Cuando los autores de fabliellas empiezan a representarnos a *figuras* muy individuales, y las aventuras de éstos ensartadas como en biografías, se acordarán inconscientemente de tales anécdotas, que declaran la personalidad.

Claro está que el personaje de la anécdota no se transformó

exclusivamente en figura de fabliella. Se observa penetrando con mayor pujanza en las nuevas formas de ficción que llamamos convencionalmente *novelas cortesanas* y *novelas picarescas*.

BIBLIOGRAFIA

Bausinger, Hermann: «Bemerkungen zum Schwank und seinen Formtypen», *Fabula*, 9 (1967), 118-136.
Strassner, Erich: *Schwank*, Stuttgart, 1968 (Sammlung Metzler, M 77).

I I

MORFOLOGIA TIPICA DE LA FABLIELLA

Hemos establecido que dentro de la fabliella un «cuadro» narrativo se sitúa a cada lado de un momento que se puede llamar de «crisis». Ahora hace falta observar este paradigma en algunos casos concretos. A menudo éstos presentan una escena en que desempeñan sus papeles un personaje que engaña y otro que es engañado. La escena también puede presentarnos al engañado a solas, muchas veces cuando toda la fabliella gira alrededor del malentendido de alguna expresión verbal; aquél no es entonces víctima de ningún trampista, sino de las cosas como son.

Las dos estructuras primordiales de la fabliella son:

(i) La Trampa Lograda, en el curso de la cual pueden producirse a su vez resultados de tres tipos:

    a) El engañador triunfa, como en los casos del Buldero de *La vida de Lazarillo de Tormes* (VIII) y de Vireno de *Ardid de la pobreza* (XXII) de Andrés de Prado. Quédese notado que la gran muchedumbre de escritos que relatan timos practicados contra forasteros (por ejemplo, *Guía y avisos* de Liñán Verdugo) o contra la gente joven (en potencia, *La tía fingida*) caben aquí.

    b) El que triunfa es el engañado, a pesar de la astucia del bribón, como en muchos romances de pliego suelto, por ejemplo *Un arriero y su mujer* (XV).

    c) Una situación mal entendida conduce al triunfo del uno o del otro, donde la suerte es la única fuerza operante. Esto se nota corrientemente en los entremeses dramáticos, porque las condiciones teatrales se prestan mejor a las salidas no anticipadas de figuras.

(ii) la Nivelación, en cuyo caso hay también tres resultados posibles:

    a) El trampista se ve engañado él mismo por las circunstancias, y en algunos casos por otro trampista insospechado. Un ejemplo sería el «Cuento del quinto mirón», de *Los mirones* (XIII) ; otro, «La burla que le hizo a Amaro de Laje doña Catalina de Melo» (XXb) de Machado de Silva.

b) Las precauciones de la víctima resultan ser inútiles, como en *El castigo de la miseria* de María de Zayas.

c) Una situación mal comprendida por la víctima y por su opresor conduce a la eventual nivelación : «Pata es la traviesa», como en *El casamiento engañoso* de Cervantes.

No excluye este género que se descubran tipos mixtos, así como cuando la víctima está disimulando su prudencia natural para luego triunfar. Sin embargo, consta como regla esencial del «juego» que se llama fabliella el que no se debe observar ninguna superioridad especial de índole mental ni moral en el curso de estas actividades. Es mucho más evidente que la mera casualidad sea capaz de lograr el triunfo de un *figura* sobre el otro o, en otras circunstancias, conducir a la catástrofe.

Esta ausencia de consideraciones propiamente éticas hace que el lector concentre su atención en posibles calidades estéticas características de la fabliella. Una excelencia residirá tal vez en la pericia del autor en manejar la tensión entre los dos cuadros constituyentes, o la información adicional que enmascara el escueto perfil del cuento, pero que sirve para desterrar una incredulidad incipiente que un lector pudiera sentir. Habrá entonces detalles como la localización en el tiempo y en el espacio, y nombres significativos de ciertos *figuras,* con lo que se espera hacer más auténtico lo narrado, sea en los marcos en que están engastados los cuentos, sea en las fabliellas-mónadas. Parece este fenómeno algo que se impuso cuando el género se transformó de cuento para ser escuchado en cuento para ser leído, patentizándose entonces las muchas peripecias y coincidencias poco probables. Las posibilidades de gesticulación y de efectos visuales o del tono de la voz al alcance del que recitaba oralmente ceden a las posibilidades retóricas, propias del escritor.

Estrechamente vinculada con esta cuestión de la retórica es la notoria del «realismo» de la fabliella, el sentido que comunica de *vita ipsa.* Y toda la evidencia insinúa que no era ningún leagdo de un presumido origen popular. Se ha observado, tras el estudio de textos de la Edad Media, que la fabliella gustaba al mismo público que apreciaba la leyenda de santos y la épica caballeresca. Es una sensibilidad típicamente moderna la que nos impondría el juzgar los cuentos social y moralmente «plebeyos». Por otro lado, también se supone demasiado pronto que la fabliella fue pasto muy adecuado de la famosa «burguesía en auge», considerada como netamente incapaz o reacia a cualquier deseo de gozar de las ficciones idealizadoras o «cortesanas» de antaño. Según la evidencia que nos llega del resto de Europa resulta que caballeros y altas damas de la nobleza, tanto prelados como magnates seglares, patrocinaron a narradores de las fabliellas más «procaces»; y estos últimos parece que no eran de la hez de la sociedad, ni mucho menos. Dentro de España encontramos parecido fenómeno en la existencia dentro de la obra, en gran parte piadosa, de Alfonso X el Sabio, de sus cantigas «de escarnio y del mal decir» de contenido muy afín a la fabliella.

Una conclusión provisional, entonces, sería que este género en sus primeros tiempos era género cortesano, pero burlesco, representando un extremo de una coexistencia literaria de origen oscuro, tal vez paródico, pero que posiblemente reflejaba, sobre un plano jocoserio, algo sentido como necesario, complementario, dentro de la psiquis de los que lo escucharon. Cabe pensar, por otro lado, que estamos delante de una incidencia temprana de la actitud desilusionada frente a lo tradicionalmente reverenciado, de un deseo de parte de escépticos de desenmascarar las bellezas superficiales del mundo.

Otro aspecto impresionante de la fabliella temprana es lo irremediablemente literario de sus perfiles. Son éstos más firmes y superiores que muchas de las versiones, inclusive las del Siglo de Oro español, a las que se trasladaron. Tenemos que alegar, entonces, que cada texto de éstos tuvo su origen en un esfuerzo artístico individual, ejercido sin considerar el presunto momento oral. El contenido de la fabliella típica pasó de obra en obra luego, y de idioma en idioma, a menudo en textos cuidadosos. Parece así evidente que no se puede mantener la teoría neotradicionalista de la supervivencia de los cantares de gesta con respecto al corpus europeo de las fabliellas. Y digamos por fin que cuando los cuentos, y esto incluirá con el tiempo los del Siglo de Oro que se estudian aquí, poseen una dimensión social, de oposición de clases, hay que atribuirlo al deseo del autor de ocultar en los varios casos el mecanismo del su narración por un alarde de autenticidad, y no de adoptar una actitud crítica.

Muy a menudo, y notablemente hacia el siglo XVII, el lector encuentra como envoltorio de la fabliella una masiva *amplificatio*, que le da las dimensiones de una novela convencional. Los segmentos sucesivos, por ejemplo, de la *II Parte de don Quijote* de Fernández de Avellaneda, constituyen una evidencia de esto, y cada segmento, una vez desnudado de su densa capa de *amplifi-*

catio, se presenta como estructura con grandes afinidades a la que estudiamos.

* * *

Una división desde otro punto de vista puede efectuarse dentro del género basándose en la categoría de *figura* preponderante en cada fabliella, ya sea el bobo, ya sea el bribón que hace de éste su víctima. En el cuento, en el romance, o en el entremés el *figura* primordial es el que aparece una sola vez. *El casamiento engañoso*, pongamos como caso, contiene figuras, pero ni el soldado Campuzano ni la ambiciosa Estefanía se asomarán en ningún otro cuento. Eran así «de aparición única», y lo mismo se puede decir de los *figuras* que ocurren en los diálogos en serie que contienen chistes y cuentos *(Los mirones* (XIII); *Diálogos de apacible entretenimiento de Lucas Hidalgo* (XIV a, b); no hay conexión orgánica entre un cuentecillo y otro en estos casos, ni con el marco-diálogo en que están intercalados. Se da el caso más orgánico del cuento-tríptico, como *Los tres maridos burlados* de Tirso de Molina, donde se persigue un objetivo común a tres engañadores —aquí las mujeres— contra el interés de tres víctimas que no se conocen entre sí.

La segunda forma, a todas luces más desarrollada, que el género presenta nos brinda múltiples apariciones de *figuras*, la cual podría bien constituir una aglomeración de fabliellas o «biografía fabliellesca». Es interesante que el preceptista Alonso López, el Pinciano, establezca un parecido distinto en cuanto a lo que él llama «fábulas», y también, dicho sea de paso, que se valga al mismo tiempo de términos relativos a la anatomía de ese nivel inferior del cuerpo humano que se entremezcla tan insistentemente en el ambiente que exploramos:

> FADRIQUE: El Filósofo dice que las fábulas todas de su principio salen pequeñas y que el hacerse grandes o chicas después está en los episodios; ... Y haced cuenta que la fábula es un vientre o menudo y que el argumento es aquella tela mantecosa, dicha entresijo, de donde están asidos los intestinos, los cuales se van enredando con le fábula como los intestinos con la tela.
>
> (II, 22.)

Aplicado a la obra de Avellaneda, el «argumento» sería el plan de los chocarreros don Alvaro Tarfe y don Carlos apoyado en la conocida manía de don Quijote, mientras que las malas pasadas del caballero constituirían los «episodios asidos» dentro del argumento.

Dado que la mirada echada sobre el mundo es en gran parte común entre la fabliella y la novela picaresca, definida ésta convencionalmente, no extraña que existan obras que ocupan una zona limítrofe entre las dos. Estas se estudiarán más adelante. Pero notemos por ahora que ni en el mundo particularizante del entremés ni en el del romance «de ciego», se ofrecen grandes posibilidades para la biografía sostenida de un *figura*. Los romances o entremeses que se presentan en serie se han inventado en torno a carreras de criminales como Moro Hueco y sus colegas que se impusieron ya a la mentalidad y la estimación populares. No son fabliellas porque ninguna de las bravuconerías descritas desemboca en la carcajada característica.

Una tercera manifestación del *figura*, ese animador medular de la fabliella, no es tanto la aparición única como la repetida. En este caso el lector presiente siempre una serie puramente hipotética de aventuras asociadas en el pasado con el nombre que el *figura* lleva. Una serie tal vez larga de cuentos debe de haber existido tocante a seres como Pedro de Urdemalas, Juan Rana, Diego Moreno (el marido consentido) y, posiblemente, Lázaro de Tormes. Los enumerados tuvieron con el tiempo la suerte de salir de la reminiscencia popular —dejando aparte, claro está, la cuestión de su origen literario remoto— al libro impreso para no regresar nunca. Tal es la ley de la «literarización», pero parecida suerte no tuvieron Matihuelo, Pedro Borreguero —el que deleitó en su tiempo, se nos dice, a las guarniciones españolas en Italia— y varios congéneres. La historia de su actuación en posibles fabliellas anda perdida. Por otra parte, las fabliellas bien pueden cristalizarse alrededor del nombre de algún humorista que termina por ser conocido entre el pueblo; entonces se podrá concebir una cadena ilimitada de cuentos que contengan otras tantas apariciones del *figura*.

Al analizar una novela de cierta amplitud es corriente que hallemos la penetración «lateral» de un *figura* así; la trama verdadera de la novela continuará sin él, exactamente como existía sin él desde el principio. Ejemplos excelentes son el buldero del *Lazarillo de Tormes* y, cabe pensarlo, el escudero de la misma obra. Pueden asomarse a las novelas denominadas cortesanas igualmente, como el bribón «médico» Carrillo en los tirsianos *Cigarrales de Toledo* («Cigarral III») y el eterno engañado don Tomé, de *Las aventuras del bachiller Trapaza* (XIX) de Castillo Solórzano. No olvidemos tampoco cómo aparece Pedro de Urdemales en la comedia de Cervantes; apenas si pudiéramos hablar de él como de protagonista de la pieza. Finalmente, hay un curioso caso en que se puede contrastar el segundo de estos tipos: el «sempiterno» *figura* con posibilidades biográficas; y el tercero —el personaje menor que penetra en una determinada obra al azar— contenidos los dos en la *III Parte de Guzmán de Alfarache* de Félix Machado de Silva (XX, a-d). Aquí, las aventuras contadas de un *figura* a lo mejor tradicional, Amaro da Laje, se empalman con la narrativa de una chanza muy astuta de la aventurera Catalina de Melo. Sale mal parado Amaro, el que tanto solía triunfar. Aunque este *figura*-hembra sólo aparece una vez en la historia, cabe imaginarle triunfando una y otra vez en el porvenir hipotético; estaría conforme con su carácter.

BIBLIOGRAFIA

Bloomfield, Morton W.: *Essays and Explorations*. Cambridge, Massachusetts, 1970. «Authenticating Realism and the Realism of Chaucer», 175-198.

López, Alonso, el Pinciano: *Philosophía antigua poética del doctor A. L. P., médico cesáreo*, editado por Alfredo Carballo Picazo, Madrid, 1953. (Biblioteca de Antiguos Libros Hispánicos, serie A, 19-21.)

Nykrog, Per: *Les Fabliaux. Etude d'Histoire littéraire et de stylistique médiévale*. Copenhague, 1957.

Rychner, Jean: *Contribution à l'Etude des fabliaux. Variantes, remaniements, dégradations*. Neuchâtel y Genève, 1960. (Université de Neuchâtel. Recueil de travaux publiés par la Faculté des Lettres, 28.)

Sedwick, Frank: *A History of the «Useless Precaution» Plot in French and Spanish Literature*. Chapel Hill, 1964. (University of North Carolina Studies in Romance Languages and Literatures, 49.)

Wilson, Edward M.: *Some Aspects of Spanish Literary History*. Oxford, 1967.

III

EL ENGRANAJE INTELECTUAL DE LA FABLIELLA Y EL FUNCIONAMIENTO DEL «FIGURA»

No hay que inferir nunca que la fabliella no es más que reflejo de alguna supuesta costumbre entre los humildes de la socidead de contarse cuentos para sólo complacerse. Dejando a un lado el complicado problema de los orígenes sociales de todo el género, hay que resaltar el número de escritores en todos los períodos que se han valido de este paradigma narrativo para perfilar algo muy profundo respecto a la matriz social que rodeaba sus obras. En cuanto a esto sería interesante establecer una comparación con otro modo literario, al que nadie ha regateado la profundidad intelectual, la sátira.

Estrictamente el esquema de la fabliella corresponde, con sus tres áreas de manifestación, al de la sátira. Las sátiras suelen versar sobre tres materias pero, desde luego, no es necesario que el lector esté predispuesto o inclinado a la risa. En ella solemos leer de *a)* las malas pasadas de algún necio, inclusive de algún marido engañado; *b)* los triunfos de algún bribón de este mundo a expensas de un necio, o *c)* las circunstancias generales que atienden al decaimiento de uno de los ideales antes exaltados por la sociedad. El satirista logrará su objetivo si consigue representar alguna combinación de los tres fenómenos, y es así que Juvenal se complace en trazar la decadencia de las virtudes romanas y, a la vez, resalta para siempre con su indignación las actitudes de maridos que consienten y de bellacos en el campo sexual.

Mientras el necio puede aparecer a solas, como, por ejemplo, glotón o como víctima de alguna idea fija entre un sinfín de posibilidades, al bellaco hay que retratarle en el acto de engañar a alguien; he aquí algo esencial en la sátira, y en la fabliella. Interesan sobre todo al satirista, y al escritor de fabliellas, los resultados funestos o ridículos de las actividades de la gente; los motivos originales, psicológicos u otros, no les compelen, puesto que ambos tienen prisa para demostrar tan sólo las debilidades humanas.

La manifestación trifronte referida, en el campo de la fabliella, aparecerá más bien así : *a)* el engaño erótico, y esto incluye tanto el apresto cuanto el descubrimiento y el castigo de un adulterio ; el comprobar, con mayor o menor ingeniosidad, la fidelidad ; la candidez en materia de amores y seducción ; las humillaciones que se pueden infligir a los amantes, sin omitir las venganzas de éstos ; *b)* el engaño fuera del campo de lo erótico, que abarca el astuto evitar de las situaciones vergonzosas o de peligro, y los malentendidos risibles en plano situacional o verbal ; en último lugar, *c)* el engaño que un bribón practica en alguna víctima ; o la explotación por otros de la voluntad de esa víctima de engañarse a sí misma. Notablemente esta última categoría incluye las muchas fabliellas y libros de fabliellas y chistes en series en donde las creencias del bobo o su manera de ver el mundo le destinan a un curso de acción irremediablemente risible. También irremediablemente esto acarrea la violencia física perpetrada siempre en la víctima, lo cual enseña al lector, por medio del mismo bobo, que las realidades mundanas buscarán infaliblemente el punto débil en una tal manera de ver las cosas : la discrepancia entre el raciocinio del bobo —con su base en lo que ha aprendido o asumido— y el mundo como es.

Por otro lado se puede contemplar al bribón típico de la fabliella como al que cumple una tarea heurística. En tanto que existe éste para imponer su juicio sobre el de su víctima, el escritor, creador de los dos, estará convidando a sus lectores a que le vean como la famosa «comadrona socrática», llevando a cabo el menester valiosísimo de extraer la verdad de las tinieblas del error y reconstituyendo el gran juego de causas y efectos. Como ejemplo, en *Lazarillo de Tormes* (VIII) el buldero efectúa esta tarea al localizar el punto débil de la lógica de los aldeanos, esa mentalidad que se había extraviado en una zona fronteriza entre religiosidad y concupiscencia. En el *Quijote* de Avellaneda, don Alvaro Tarfe y don Carlos corresponden al buldero en un mundo seglar ; no les hace falta siquiera estar presentes para asegurarse de que la discrepancia —entre la realidad de meloneros y alguaciles y el dogmatismo caballeresco de don Quijote— se manifieste de manera ridícula.

Supongamos entonces que en este desatino de don Quijote yace latente cierta «justicia inmanente», pronta a ostentarse en situaciones determinadas. Una Némesis idéntica empieza a actuar lo mismo cuando se trata no de situaciones, sino de algo en un nivel puramente verbal. He aquí el nivel escogido de preferencia por un Tyl Eulenspiegel, el que solía interpretar literalmente lo que sus amos y sus víctimas sólo querían significar en un lenguaje figurado.

Se transparenta otra característica del bribón de fabliella : sabe mayor número de significados que los otros ; luego los concretiza en el mecanismo del cuento.

En situación inversa hay casos en que el bobo parece provocar a la misma realidad, la cual comprueba «saber más significaciones» que él. Una instancia sería el cuento de Ruy de Melo (XI), atribuido a Diego Hurtado de Mendoza. El fanfarrón portugués Melo despierta esta justicia inmanente cuando proclama en una posada que él y sus compatriotas siempre llevan «la delantera» cuando se trata de proteger a las mujeres. Se marcha en seguida a compartir la cama de una mujercilla de la posada, pero mientras duerme cae víctima de un ataque sodomítico y puramente casual de un arriero ebrio. El juego de significaciones entre la guerra y el «amor», «delantera» y «trasera», la mitad superior del cuerpo, sede del coraje, y la inferior, sede de lo facecioso, por poco convierte esta fabliella en muestra de los métodos del conceptismo, aquí ínsitos en el juego al nivel verbal.

Como se ha dicho varias veces antes, en estos cuentos tenemos poca ocasión para establecer normas morales, tanto en cuanto al bellaco como al bobo. Es aquí donde hay divergencia entre fabliella y sátira. Fuerzas superiores, mayor astucia o hasta las meras eventualidades, son las responsables del desenlace de un cuento ; no hay ninguna aproximación a la conducta ideal en una figura. Mejor dicho, el bellaco y su víctima o el monomaníaco y su idea fatalmente fija representan una perversión de tal conducta. Lo que es más, ni el «castigado» ni el que «castiga» en estos cuentos actúa como adscrito a una norma ética ; todo lo que se efectúa es más bien una corrupción de las estructuras ideales que debieran relacionar a los hombres entre sí. En la antigüedad se exhibía al ilote borracho ; los moradores de la fabliella en tiempos más modernos recalcan el mismo punto.

Hasta ahora, en este estudio se ha nombrado siempre a estos últimos como *figuras* y no como personajes. Y es que los dos términos corresponden a sendas potencialidades de la gente ficticia que hallamos en los libros. Los personajes son los que poseen una historicidad simulada y pueden llevar el peso de una temática más o menos poderosa a lo largo de una ficción más o menos extensiva. Los *figuras*, en cambio, se originan en la mera técnica, tienen funcionalidad solamente, supeditada ésta a una o más situaciones limitadas en sí.

El poseer las mencionadas calidades —fuerza física, astucia, buena o mala suerte o mera necedad— quiere decir en última instancia que el *figura* es poco más que autómata o pelele en manos de un autor. Examinemos el caso de don Tomé, el figurón de las

Aventuras del bachiller Trapaza, de Castillo Solórzano (XIX).
Aquí tenemos a un bobo que puede observarse bajo tres aspectos:
el de *figura*, excéntrico en su manera de hablar y de vestirse; el
de hidalgo indigente, predestinado, por lo tanto, a caer víctima
de situaciones que no sabrá controlar, y el de amante platónico
parodiado, algo que asegura que ha de sufrir chascos previsibles.
Las tres potencialidades se ofrecen en serie, al aparecer en cada
caso un trampista correspondiente. Don Tomé se asoma, desde
luego, en una verdadera novela, pero hay que suponer una relación en mayor grado afectivo entre algún personaje de novela o
de epopeya y su morada ficticia. El está supeditado nítidamente
a la técnica, al mecanismo.

Después de todo, la caracterización y la temática, sea ésta
ideológica, sea coherente alrededor del movimiento de almas, son
complementarias. La fabliella y, claro está, el elemento de fabliella que podría contener alguna ficción más complicada care-
cen de temática. Además, falta la conexión entre *figuras* y trama
en el plano afectivo; permite esto la transferencia de aventuras
adscritas a una *figura* a cuentos completamente distintos y a los
figuras que caben en ellos. Aquí hay cierta analogía con la noción
histriónica de «estrella», cuyo nombre debería garantizar cierta
maestría técnica o, por lo menos, cierto elemento de lo reconocible en el trabajo, pero no forzadamente la representación más ve-
rídica, ni más afectiva, ni más memorable de un papel. Debe de
ser por esto que hay tantos cuentos risibles, en especial los que
se plasman en forma de pliego suelto y de entremés, cuya fortuna
depende de la identificación hecha por el primer público de sus
protagonistas, o sea de la reputación de éstos en algún momento
del pasado. Al pasar los años se olvidará la carrera de un *figura*
en sus grandes líneas, y muchos chistes y cuentos cristalizados alrededor de su nombre perderán casi toda su eficacia. Es así posible que el citar los meros nombres de algunos —y a veces es todo
lo que poseemos: Pedro Borreguero, Matihuelo, Santilario— des-
pertase antaño inmediatas carcajadas.

Todo esto trajo consigo la desaparición tal vez masiva de este
tipo de cuentos y sus correspondientes *figuras*, fuera de que se
imprimieron relativamente pocas fabliellas en España, y éstas en
formato no muy durable. El chiste breve, empero, que hemos di-
ferenciado más arriba, tiene mayor potencia para sobrevivir los
siglos. Está vinculado éste de forma más íntima con lo genérica-
mente humano; no se necesita de ningún *figura* para llevarlo a
su conclusión. Los seres que suele representar el chiste tienen una
solidez y una dimensión aún menores que los *figuras* y están en
mayor grado enredados en las potencias abstractas del lenguaje

que en la vida cotidiana de alguna época histórica. Puesto que el lenguaje y sus sutilezas pueden recordarse en documentos escritos, el chiste, con su base verbal, corre menor riesgo de perecer entre una época y otra. Cuando se produce, sin embargo, un cambio radical en las costumbres sociales y de posiciones relativas de estamentos, apenas si puede lograrse un esfuerzo por adaptar al *figura* a los cuentos de una edad posterior. El *figura* que se anidaba en las fabliellas antiguas mostrará, por consiguiente, un cariz incomprensible, casi siempre salvaje, para los venideros. El fenómeno deslumbrante que encontramos en los libros de fabliellas en Inglaterra, el progresar del bribón al rango de mercader respetable o el aprender la nueva moral de la clase media por parte del bobo que vive tranquilo en lo sucesivo, parece que no se produjo en España. Y como se puede observar fue productivo este fenómeno de personajes, no de *figuras*.

El desarrollo perceptible en España parece ser una especie de atomización del material risible en manos de ciertos escritores, notablemente Castillo Solórzano y Salas Barbadillo, quienes se empeñan en distribuir los elementos característicos de la fabliella a lo largo de sus novelas. Conduce esto a una narración fabliellesca en *tempo lento*. Los personajes de estas novelas, con su falta de introspección, se acomodan a la categoría de *figuras*. El aspecto provocador de la risa o del asombro, sin embargo, que antes caracterizaba a éstos, se somete ahora al codicioso y repelente; de ahí que apenas se puede continuar clasificando estas novelas en la categoría que estudiamos. Dejando de un lado a los pocos figurones, es un paisaje poblado de *niñas de los embustes, garduñas, hijas de Celestina* y similares, tipos que se sitúan entre aventureros y meros peleles deshumanizados de sus autores. Por otra parte, la fuerza faceciosa de algunas de estas novelas largas se destruye: tantos personajes demuestran sentimientos nobles o dan cortapisa para el patetismo fácil.

Dentro de esta categoría es más problemática la obra de Salas Barbadillo *El sagaz Estacio, marido examinado*, en el cual el protagonista Estacio parece no tener voluntad nunca para triunfar sobre los galanes que rodean a la cortesana Marcela, una mujer que constantemente le engaña. Al final cambia de actitud por completo y declara que había hecho voto de redimir a una mujer mala casándose con ella, que había actuado como novio increíblemente consentido para asegurarse del asentimiento *serio* de parte de ella. De ahí que fue él quien les había engañado a los galanes en una buena causa. La cuestión es si este final sitúa el cuento fuera del género de la fabliella, y esto depende de cómo el lector considera a Estacio. Puede representar la «última carcajada» del bellaco redomado, arrimando a un lado el asunto de buenos principios ; por otro lado, puede ser la última trampa sufrida por Estacio, esta vez a manos de la «realidad», si optamos por interpretar su voto como típica manía de una *figura*.

Los *figuras* se distribuyen *grosso modo* en dos grupos : los plebeyos y los de rango social muy superior. Dentro de la primera
categoría caben representantes de una agrupación de oficios y maneras de vivir curiosamente estrecha. Aparecen poquísimos curtidores, barberos, sepultureros, alfareros, pastores, tejedores o pregoneros en la fabliella y no muchos más en el chiste corto. Cabe
especular que los miembros de estos grupos, todos ellos más o menos excluidos de la sociedad medieval de resultas de una superstición ahora incomprensible, nunca se incluían en los ejemplos y
las anécdotas «históricas», que fueron, según hemos visto, los modelos principales de los cuentos renacentistas. Lo que es más, algo
de la repulsión que se sentía, irracional del todo, al oír mencionar estos oficios tal vez se pegase a Lazarillo de Tormes llegado
a ser pregonero, a los pastores criminales y nada «pastoriles» del
Coloquio de perros o al hogar de barbero, de donde surgirá el buscón don Pablos. Si vale esta hipótesis, podemos sentar que la novela picaresca se prestaba a contener a individuos adscritos a secciones de la sociedad antes consideradas ilógicamente como nauseabundas, que sólo lindan la fabliella de modo muy tangencial.
El impacto de la literatura impresa lentamente haría disiparse
esta sobrevivencia medieval si tuviera todavía vigor.

En las fabliellas de todos los tiempos se asoma el campesino,
un *figura* muy difícil de distinguir del bobo de las farsas quinientistas. El modo de vida de los campesinos claramente les prohíbe
el participar en el *consensus* ciudadano, al cual el escritor de fabliellas supone que sus narraciones de triunfos y de crueles trampas hará eco. Así es que vemos el timo practicado por el bribón
Antonico de Tévar en un campesino típico, de cariz antipático e
incoloro, no tanto deplorado por el autor como el vicio de jugador
que despierta (XVI) en Antonico. Siendo el rústico de este tipo
víctima perenne y además constitucionalmente incapaz de apreciar
ningún chiste, llega a ser una extensión del hombre salvaje, habitante de tantas farsas y tanta ficción idealizadora de una edad
anterior. Ahora se sabe que este hombre salvaje solía aparecer en
la literatura y en el arte plástico para desempeñar un papel entre
hombre y bestia. Inclusive era incapaz, como la bestia, de reír ;
esto en una época en que la risa formaba parte, como veremos
más tarde, de un ritual cotidiano de índole casi mágica.

Otra curiosa conexión es la que se insinúa entre el trampista
de la fabliella y el hombre de iglesia. El lector moderno no com

prende por qué el canónigo Ester de *El cortesano*, de Luis de Milán, por ejemplo, o Amaro de Laje, en la tercera parte de *Guzmán de Alfarache* (XIX, *a-d*), de Machado de Silva, tienen que haber recibido las órdenes sagradas ; ni por qué el malévolo o por lo menos molesto duende tiene que plasmarse como fraile diminuto. El caso del echacuervo sería otro ; sin ser sacerdote se le presenta como parásito de la vida eclesiástica. Extraña que el tipo de fabliella que se escribe en torno a un Amaro de Laje esté envuelto en lo «plebeyo», hasta en lo excremencial, conforme a la tradición. Es verdad que se ha teorizado que hubo cierta ceremonia cenobítica denominada *ridiculum*, celebrada entre los conventuales, y que la fabliella no hace más que traer consigo vestigios de un origen totalmente eclesiástico. Quizás es de importancia también que las *Relaciones* hechas para el rey Felipe II, al transcribir las respuestas libradas por los habitantes de la aldea del Viso, al sur de Madrid, cuenten el caso de ciertos clérigos de tiempos anteriores «señalados en letras de nigromancia». Uno de éstos se vengó de su rival, el cura de Cedillo, de manera muy parecida al célebre molinero de Arcos : «... no les dejó ropa ninguna que se pudiesen vestir, y tornóse a salir...» En un caso semejante sólo se puede aventurar la hipótesis de que la mente «primitiva» estaba acostumbrada a asociar al clérigo con el nigromante, en cuanto a un poder supuesto para operar cosas por venir. Más tarde proponemos estudiar los muchos vínculos que se dan entre lo fatídico y el paradigma fabliellesco. Por ahora podríamos concluir que al eclesiástico se le achacaba una capacidad para intervenir en aquel paradigma como en su verdadero elemento.

La explicación corriente, la sociocrítica o «jacobina», no sirve como base teórica de la presentación del hidalgo como *figura* excéntrico. Principalmente tratado como figurón, el hidalgo se anuncia siempre como retrógrado, dotado de una mentalidad prisionera de algún sistema de valores ya sin vigor, que él se empeña en convertir en idea fija. El narrador no se complace en trazar todo esto como si fuera una debilidad moral ni como un decaimiento de las antiguas virtudes de la aristocracia *in illo tempore*. Se ha pensado por eso mismo que aquí también hay un vestigio del monopolio antiguo de la fabliella en manos del estamento letrado de la Edad Media y, por consiguiente, de los lejanos denuestos entre caballeros y clérigos, entre Armas y Letras. La fabliella, siendo un género literario de los más conservadores, prolongaría así una tradición después de haberse extinguido la forma literaria del denuesto.

Siempre existe la posibilidad de una transición entre la manifestación del hidalgo obsesionado y la del excéntrico, singular en sus opiniones, ajeno a la sociedad de los hombres y a menudo solitario, pero no específicamente noble. Se ha notado agudamente, y vale la pena el subrayarlo, que la selección de excéntricos que practica un escritor en su tarea de invención provee una clave de su concepto del mundo, lo que él definiría como fatuo o extraño a algún concepto personal de *aurea mediocritas*. Así es que el don Fruela de Bernaldo de Quirós (XXII, *a-d*) posee un nombre de pila «gótico» y es de ascendencia vizcaína; es decir, que sería inmediatamente ridículo para el lector de 1656, siendo provincial retrógrado fuera de su elemento en Madrid y figurón obsesionado en potencia. Está desprovisto este *figura*, sin embargo, de aquella discrepancia interna que serviría para acuñar al humorista como personaje de novela. Las aventuras en que participa no apelan a ninguna faceta de ese desgarrón; al fin y al cabo es un *figura*.

Antes de dejar el asunto del hidalgo como *figura* habrá que considerar casos limítrofes, como el de don Diego de Noche, personaje que ocurre en la miscelánea en prosa del mismo nombre por Salas Barbadillo. Es quizás un ejemplo único del figurón que no es tanto participante en relatos fabliellescos como espectador, o aun «coro antiguo» en escala reducida. Esto no quiere decir que se aproxime a un Falstaff, que puede decir de sí mismo:

> Los hombres de todas calidades se enorgullecen en mofarse de mí. El cerebro de este barro compuesto y necio, o sea el ser humano, no sabe inventar nada que tienda hacia la risa más que lo que yo invento o que se inventa con respecto a mí. No sólo soy facecioso en mi propio ser, sino ocasión para que el chiste habite en otros.
>
> *(II Enrique IV, 1, 2.)*

Los fenómenos «fabliella» y *figura* caben entonces en una misma categoría intelectual. El escritor que se vale de ellos está estudiando a fin de cuentas lo desconectado que puede haber, dentro de la sociedad siempre presente, entre creencias y actividades. El humorista, por otro lado, es un individuo, prácticamente un desertor de la sociedad circundante.

BIBLIOGRAFIA

Asensio, Eugenio: *Itinerario del entremés. Desde Lope de Rueda a Quiñones de Benavente*. Madrid, 1965. (Biblioteca Románica Hispánica, Estudios y Ensayos, 82.)

Bayer, R.: «La Farce et la pensée judicatoire», *Revue d'Esthétique*, 3 (1950), 274-300.

Bergman, Hannah: *Luis Quiñones de Benavente y sus entremeses*. Madrid, 1965. (Biblioteca de Erudición y Crítica, 7).

Danckert, Werner: *Unehrliche Leute. Die verfemten Berufe.* Bern y Munich, 1963.
Davis, W. R.: *Idea and Act in Elizabethan Fiction.* Princeton, 1969.
Dunn, Peter N.: *Castillo Solórzano and the Decline of the Spanish Novel.* Oxford, 1952.
Fischer, Hanns: *Studien zur deutschen Märendichtung.* Tubinga, 1968.
Heidenreich, Helmut: *Figuren und Komik in den spanischen Entremeses der goldenen Zeitalter.* Munich, 1962.
Meiners, Irmgard: *Schelm und Dümmling in Erzählungen des deutschen Mittelalters.* Munich, 1967. (Münchener Texte und Untersuchungen zur deutschen Literatur des Mittelalters, 20.)
Milán, Luis (Lluis del Milà): *Libro intitulado «El cortesano».* Madrid, 1874. (Libros Españoles Raros y Curiosos, 7.)
Moser-Rath, Elfriede: «Anekdotenwanderunge n in der deutschen Schwankliteratur», *Volksüberlieferung. Festschrift für Kurt Ranke.* Gotinga, 1968, 233-247.
Paulson, Ronald: «The Fool-Knave Relation in Picaresque Satire», *Rice University Studies,* 51 (1965), 59-81.
Paz y Melia, Antonio (recopilador): *Sales españolas.* Madrid, 1964. (Biblioteca de Autores Españoles, 176.)
Rohrbach, Günter: «Figur und Charakter», *Der Simplicissimusdichter und sein Werk,* editado por G. Weydt. Darmstadt, 1969 (Wege der Forschung, 143), 253-265.
Tiemann, Hermann: «Bemerkungen zur Entstehungsgeschichte der Fabliaux», *Romanische Forschungen,* 72 (1960), 406-422.
Viñas, Carmelo, y Ramón Paz (recopiladores): *Relaciones histórico-geográfico-estadísticas de los pueblos de España hechas por iniciativa de Felipe II. Reino de Toledo, III parte.* Madrid, 1963.

IV

OJEADA HISTORICA A LA FABLIELLA Y SU ELABORACION EN EL SIGLO DE ORO

Las colecciones manuscritas de ejemplos del Medievo español contienen muchas narrativas cortas donde se perfila el movimiento típico de la fabliella. La *Disciplina clericalis*, el *Libro de los engaños*, el *Conde Lucanor* y sus congéneres todos derivan, como bien se sabe, de fuentes extrahispánicas, invariablemente orientales. De otros ejemplos, los que se encuentran en sermones, como los de San Vicente Ferrer, raras veces se puede decir que provocan la risa. ¿De qué clase de cuento solían reírse los españoles en tiempos más remotos? Escasean los textos, pero se podría arriesgar la especulación de que la narrativa presentada por Ramón Menéndez Pidal (I) como constituyente del programa de un «juglar cazurro» sea tenue muestra de una tradición de cuentos risibles más entrañablemente española: tal como está es mero fragmento y vacila entre narración en prosa y lo que nuestro siglo llamaría inconsecuencia «dadaísta». Se reclama la risa de un auditorio que aprecia efectos de acumulación y contraste violento. Menudos fragmentos de la realidad brotan de los labios del cuentista, sin atender a más que la incongruencia misma. Así y todo, casi todo lo risible de este ringorrango primitivo escapa a la comprensión del lector. Además es costumario de tales «narrativas» el que vive « en sus variantes» hasta que quizá se vuelven irreconocibles, émulas ellas en esto del romance, pero no de la fabliella literaria.

Es entonces difícil establecer cuál tipo de cuento transmitido oralmente fue el que antecedía al tipo literario, sea francés o latino, dada la habilidad del autor medieval para capturar y adaptar los géneros narrativos «latentes». Los monumentos tempranos sobreviven exclusivamente como literatura, y parece ser ley de la narrativa corta que las formas desarrolladas que presenta no proceden históricamente de sendas formas sencillas, supuestas como más apropiadas a una tradición «popular». Es posible, sin embargo, que oigamos cierto eco de una forma más arcaica en las narraciones del Sancho de Cervantes («Torralba y sus ovejas») y del de Avellaneda («El rey, la reina y los gansos»), las cuales repiten a su turno un cuento de la *Disciplina clericalis* que tuvo durante los siglos una difusión europea. En estas narrativas de acumulación ilimitada, sin desenlace posible, quizás haya reminiscencia de algo más antiguo que la fabliella corriente. Carecemos, después de todo, de los textos de los traídos y llevados «cuentos de Maricastaña», pero ¿no es posible que este nombre encubra algún rústico *fatras* como aquél?

La historia de la fabliella impresa en la Península empieza con el *Ejemplario contra los engaños y peligros del mundo* (Zaragoza, 1943), adaptación del *Calila y Digna* medieval y con la *Disputa de l'ase*, de Anselm Turmeda (Barcelona, 1509, pero que sobrevive sólo en una versión francesa). Aunque el elemento del azar como moderador de los acontecimientos desempeña cierto papel en estas obras, están ambas supeditadas al didacticismo. Lo que es más, la enemistad que demuestra Turmeda hacia cualquier bellaco con hábito de fraile reduce sensiblemente el factor risible. Se ha podido espigar un componente menor de materia fabliellesca en la versión impresa del *Libro del arcipreste de Talavera* (Sevilla, 1498) (III), de Alfonso Martínez de Toledo; en la anónima *Historia del caballero de Dios que había por nombre Cifar* (Sevilla, 1512), en el *Cancionero de obras de burlas provocantes a risa* (Valencia, 1519) (V) y en el *Retrato de la lozana andaluza* (Venecia, 1528) (VII), de Francisco Delicado. Hay un ejemplo aislado del tipo de obra que consiste sólo de fabliellas ensartadas, seguramente de origen italiano y anónimo, *Cómo un rústico labrador engañó a unos mercaderes* (1516) (IV, a-c), y cabe especular que éste sea el único sobreviviente de varios libritos impresos del estilo. Y cabe aquí señalar también el *Conde Lucanor*, de don Juan Manuel, publicado en su forma arcaica por Gonzalo Argote de Melina (Sevilla, 1575). En resumen, lo que se observa en el siglo xvi es una alternación entre dos fenómenos: la obra en que predomina la fabliella de corte medieval —aunque las más de las veces se reduce a anécdota o chiste—, que sirve para explicar el libro entero en que ocurre, y la obra de ficción, en que las fabliellas se encuentran dispares.

Ahora llegamos al comienzo de otra corriente cultural, la cual trajo consigo una porción mucho mayor de cuentos risibles al acervo español. Empezó después de la traducción al castellano del *Cortigiano*, de Castiglione, en 1534. Tropezamos en este libro prestigioso con la facecia, que había sido cultivada cuidadosamente por los humanistas italianos, inicialmente en la corte de Nápoles. Al mismo tiempo se bosquejó la proyección teórica de la facecia, algo que no se había intentado durante la Edad Media. Galfredo de Vinsauf, por ejemplo, sólo proporciona indicaciones (*Poetria nova*, V, 1885) acerca del decoro que hay que observar, ante todo el servirse el cuentista del estilo humilde. De ahí la novedad del tratado filosófico que proviene de Nápoles, el *De sermone*, de Giovanni (Joviano) Pontano, obra que apareció póstuma en 1509. Por cierto, *De sermone* se desconocía en España, pero fue notable la influencia que llegó a ejercer. Nos introduce a un concepto totalmente nuevo en torno a los cuentos, que se radica en una calidad mental muy digna de elogio en el hombre docto y puntual : la *facetudo*. He aquí un término desconocido en el latín clásico y que ahora significa una pericia en relatar los mejores cuentos risibles en la mejor compañía, suministrando así «experiencias estéticas», y no sólo carcajadas, engendradas o por el único contenido agudamente *facetus*, o por el talento del cuentista para adornar su materia con gestos y sabios arreglos estilísticos. En este tratado de Pontano se hace caso tanto del auditorio cuanto del narrador, porque muchas veces el disfrutar de un buen cuento se atribuye a elementos externos, al medio ambiente donde se relata. Cuando tantos imponderables dependen de la compañía que está escuchando el teorizar se hace difícil, y eso lo reconoce el maestro napolitano.

La tradición sugiere que el maestro mismo había recopilado un libro personal de chistes y fabliellas, y sólo después pasó a elaborar su tratado, además de su descubrimiento inaudito de la *facetudo* como virtud social. El saber escoger al auditorio y la ocasión es de lo más esencial ; el talento literario contará para mucho menos ; lo que distingue al verdadero *vir facetus* es su capacidad para conjugar estos elementos. Así, un cuento que al no iniciado podrá parecer francamente obsceno tendrá su atractivo para los oyentes más refinados ; tanto es la virtud del *vir facetus*. Viene comparada esta virtud con la habilidad del hortelano que convierte en «culto» su árbol estéril y salvaje por medio de sus injertos. Y es evidente que la idea pontaniana abarca el valor moral que confiere el cuento también ; favorece el bienestar de los oyentes, y *relaxatio, recreatio, refrigeratio* son términos que recurren en el curso del tratado. Hasta cuando un cuento demuestra un humor agudo y mordaz, con respecto a la víctima encerrada en su pequeño mundo, el espíritu subyacente de *facetudo* restaña toda herida. El fin de todo es lograr una ecuanimidad, una *mediocritas*, moderadora de la personalidad del humanista y del gran cuerpo de la sociedad a su alrededor.

Se traduce aquí una actitud hacia el arte mucho más adelantada que la de las doctrinas entonces usuales en cuanto al poema heroico o la comedia ; lo poético y lo no poético se decide recurriendo a algo distinto de las normas fijas del *decorum*. La elocuencia de Pontano trata de reclamar para el *vir facetus* la dignidad de ser el más auténtico *poeta doctus*, puesto que posee una habilidad que expresa su personalidad entera y que sabe purificar las peores procacidades.

Las colecciones ya en existencia, de Boccaccio, Sacchetti y de Poggio Bracciolini, entre otros, cobraron nueva importancia al aceptarse y ponerse de moda un estilo de pensamiento afín al del *De sermone*. Un resultado en especial fue la estima que los retóricos del siglo XVI tenían de la *facetia* aun cuando se reconocía que habían poseído éstas muy poca importancia en el mundo de la antigüedad. Cicerón, por ejemplo, no pensaba sino en la agilidad mental del orador en su tarea forense. Y, aunque preconizaba aquella máxima autoridad, lo útil de los cuentos y apotegmas, la noción misma de utilidad, según Pontano, además de la idea de que la *comitas* jocosa no podía enseñarse como otra materia cualquiera, eran dos graves limitaciones ínsitas en la doctrina ciceroniana.

En la misma Italia las influencias de la demostración pontaniana fueron más bien indirectas : en la *festività* del santo del Oratorio, San Felipe Neri, o en la esfera seglar, en los escritos teóricos de aquel faraute de la *perfezione* cortesana que fue Castiglione. En la antigüedad clásica el término *facetia* como abstracto había significado algo parecido a la *elegantia* de Plauto o de Quintiliano, y Castiglione se inclina hacia esta acepción. La anchura de concepto verdaderamente humanística que hemos señalado en Pontano, se ve entonces desquiciada en parte ; Castiglione tendrá ya la fama de patrocinador del arte de contar apotegmas y anécdotas, como señal de «don de gentes», y no tanto el de pulir la fabliellas de, digamos, Sacchetti para darles vida nueva en forma impresa.

Il cortigiano fue traducido ya en 1534 por el poeta Boscán, y por mucho que Poggio mismo hubiese declarado que sus *Facetiae* se conocían ya en la Península, el espíritu que animaba a Castiglione y, por detrás de él, a Pontano, ahora cundía en el país. Ya el mismo Pontano apuntó a los españoles como adictos a lo grotesco y lo procaz en sus lecturas preferidas, y vio al prototipo en Marcial. Pero esta inclinación hacia la procacidad malvada a expensas de los «defectos» de un prójimo constituye uno de los ingredientes más obvios de la fabliella. Cuando Pontano indica las cortes de la Península como moradas privilegiadas del chiste agudo, tal vez sólo está declarando su ignorancia de la situación cuentística en Francia y el Norte de Europa.

Así y todo, se tradujeron colecciones de cuentos de origen italiano, incluyendo numerosas fabliellas de las plumas de Boccaccio,

Doni y Straparola entre otros, y los festivales palaciegos solían
abarcar el contar, y el poner en acción, varios cuentos risibles.
Un ejemplo de esta costumbre, que sobrevive en forma impresa,
está en el programa hecho por Luis de Milán *(El cortesano,* Valencia, 1561). En el curso de las festividades allí planeadas, durante varios días y en el palacio de don Fernando de Aragón,
duque de Calabria, la *facetudo* que demuestran dos humoristas,
Juan Fernández de Heredia y el mismo Luis de Milán, se opone
a las travesuras fabliellísticas que se realizan contra el sacerdote-
figura canónigo Ester. O por obligación o por inclinación esencial
este personaje se comporta como víctima típica del cuento risible:

> ... Y dice el Duque:
> —Señora, si le parece, enviemos a las damas y caballeros a ro-
> garles que sea el sarao y máscara después de mañana, por no
> poderse hacer más; y vaya el canónigo Ester de parte de Vuestra
> Alteza, y de la mía el paje del mal recaudo; que no les faltarán
> motes y apodos a la giba del uno y al mal nombre del otro, y
> tendremos parte de las burlas por relación de los burladores, que
> yo comenzaré la plática para que riamos.
> (Pág. 251.)

> ... Dijo el Canónigo:
> —¿Yo no os dije que el primero que se burla de mí es Vuestra
> Excelencia? Guardadamas me ha hecho como si fuera modelo de
> sastre, y guardapolvo para que se esparza basura sobre mí...
> (Pág. 259.)

> DUQUE: ¿Qué es esto, Canónigo? ¿Qué grita es la que siento?
> ¿Cómo venís mudando de color?
> CANÓNIGO: Señor, yo ya estoy como la ropa pelada al cuello
> del corredor, que todo hombre me corre y hace menosprecio de mí
> por conocer que Vuestra Excelencia tiene así su placer; pues se
> ríen.
> (Pág. 422.)

Como resultado de la migración hacia España de la fabliella
italiana, no sólo se hizo asequible un corpus de tramas, sino también características de estilo narrativo que luego han de traspo-
nerse de la obra de un escritor a la de otro. Un fenómeno estilístico que se había encontrado en los cuentos del temprano Sacchetti,
por ejemplo, es el valerse del gerundio, sin duda como residuo de
cierto método de narración oral. Los estadios neutros del cuento,
el reportaje necesario del comienzo y de la introducción de figuras
y sus motivaciones, muy a menudo se esboza por medio de gerun-
dios encadenados. Y cuando se analiza la narrativa española ante-

rior a la corriente italiana, en don Juan Manuel, digamos, o en Francisco Delicado, no se aprecia más que la densidad lógica de esta parte de la oración. Hay mayor frecuencia, sin embargo, en las patrañas de Timoneda y hasta en el *Lazarillo de Tormes*, sin decir nada de los humildes sucesores, los romances de pliego suelto. El efecto perceptible de este recurso es de proveer un continuo, mientras que las oraciones que dependen de verbos finitos avanzan la narración de modo significante, y tal vez esto hacía falta cuando el auditorio pudiera presentir cierta monotonía en la técnica de narración «en dos cuadros» que hemos discutido. Originados también en los cuentos italianos son los proverbios, las exclamaciones, las expresiones elípticas que tratan de comunicar al oyente antes y ahora al lector la turbación progresiva de la víctima, la cara dura del bribón, o los efectos del pasar el tiempo.

En los cuentos de Masuccio, fuente de muchas fabliellas españolas, se puede aislar la influencia del estudio de técnicas narrativas latinas, notablemente de Ovidio, en las varias invocaciones por parte del autor a la fortuna, como regidora de los acontecimientos.

De resultas de la gran boga de Castiglione —y durante cierto tiempo también la de Erasmo como artista narrativo—, la anécdota o apotegma, con su modelo en las colecciones de Aulo Gelio y Valerio Máximo conocidas durante la Edad Media, cobró renovado prestigio. Suelen ser narraciones seudohistóricas bastante breves, pero de vez en cuando se encuentran entre apotegmas imitados casos de verdadera fabliella. La anécdota, muy conocida, del arzobispo de Toledo, su capellán y el alquimista, relatada por Melchor de Santa Cruz y luego por Gracián, seguramente tiene cabida entre cuentos risibles *ben trovati*. Para considerar un nivel de la sociedad inferior al de prelados, hemos ya sugerido que los cuentos en torno a personajes plebeyos o artesaniles no eran despreciados por los humanistas. Antes bien, se buscaba incorporarlos en nuevos estudios de la sobrevivencia de adagios y sabiduría tradicional entre el pueblo como muestra, se creía, de la resistencia a desaparecer del todo de la cultura de la edad clásica. La *Philosophía vulgar* de Juan de Mal Lara (Sevilla, 1568) indica muy bien esta tendencia; contiene tres fabliellas, tal vez correspondientes a sendas tres adscritas al sevillano licenciado Tamariz, entre una muchedumbre de *memorabilia* históricos y apotegmas breves. El éxito, ocho años después, de la *Floresta española de apotegmas* de Melchor de Santa Cruz (Toledo, 1574) abrió el paso a otras colecciones impresas, de Juan Rufo, Juan de Arguijo y Sebastián Mey, o preparadas para la estampa, como la de Luis Zapata. De ahí que presenciamos en el último quinientos una rivalidad de dos

géneros de cuentística : las colecciones de fabliellas auténticas y
las de anécdotas y chistes cortos. Fueron estas últimas colecciones
las que hicieron fortuna en la estimativa de los moralistas del
siglo XVII, en vejámenes académicos y en las intrigas secundarias
de las flamantes comedias. Otras obras del siglo que utilizan el
cuento risible, como ilustrativo de otras materias, son el *Crótalon*
de «Christóphoro Gnósopho», la *Philosophía antigua poética* de
Alonso López, el Pinciano (Madrid, 1596) y el *Vocabulario de re-
franes proverbiales* de Gonzalo Correas, obra preparada en Salamanca a principios del siglo XVII, pero que sufrió la misma mala
suerte que el *Crótalon*, no viéndose impresa en el Siglo de Oro.
Sólo el libro de Correas contiene verdaderas fabliellas, si bien en
resumen en cada caso, ajustadas empero al paradigma que hemos
aislado como típico.

No hemos de dejar de considerar, claro está, las recopilaciones
de chistes y cuentos risibles traducidas o adaptadas directamente
del italiano y del latín humanístico. La primera que apareció impresa fue *El patrañuelo* de Juan Timoneda (¿Valencia, 1566?).
Este compilador era afortunadamente también un traductor —tal
vez seleccionador de las traducciones de otros— dotado de una
comprensión de la verdadera *facetudo*. Por eso contribuyó más
que nadie a subir la calidad y la reputación de la fabliella española
en su período formativo. Colección parecida en todo a la de Timoneda se hizo en Portugal : *Contos e histórias de proveito* (Lisboa,
1585) de Gonçalvo Fernandes Trancoso. Con la aparición de estas
colecciones en prosa —las fabliellas en verso de Diego Hurtado de
Mendoza y del licenciado Tamariz (IX, a-d) quedaron en manus-
crito— el cuento risible del Siglo de Oro español llegó a su momento
de última elaboración.

En estudios anteriores se ha industriado por el trazar de los
orígenes de los varios cuentos o series de cuentos en Italia o en
el Oriente semítico. Es tan obvio que cierta fabliella o cierto episodio fabliellesco en una novela de Mateo Alemán, Carlos García
o Vicente Espinel entre tantos tiene una fuente en Boccaccio, en
Juan Manuel o en la misma *Disciplina clericalis*. Esta «anatomía»
del cuento risible ha sido estudiada en los tratados de Boggs,
Keller, Rotunda y otros. Aquí, en cambio, se propone estudiar la
«fisiología» del mismo, cómo vive, cómo funciona en cuanto al
organismo. Y lo que se pasará a indagar es la correspondencia
de esa «fisiología», si hacerlo cabe, con la de otras manifestaciones
culturales. La comparación de contenidos narrativos y el «retrato»
que se puede creer elucidado de ambientes sociales de tiempos idos,
vienen a ser ahora campos de estudio poco prometedores.

BIBLIOGRAFIA

Bremond, Henri: *Divertissements devant l'Arche*. París, 1930. «Le Saint patron des humoristes», 85-100.

Legman, Gershon: *The Rationale of the Dirty Joke. An Analysis of Sexual Humor. First Series*. New York, 1968.

Luck, Georg: «*Vir facetus*. A Renaissance Ideal», *Studies in Philology*, 55 (1958), **107-121.**

Lüthi, Max: *Volksliteratur und Hochliteratur*. Bern y Munich, 1970. «Cervantes', Avellanedas und Mozarts Spiel mit einer Volkserzählung», 147-161.

Menéndez Pelayo, Marcelino: *Orígenes de la novela*. Santander, 1943. (Edición nacional de las obras completas de M. M. P., 13-16.)

Menéndez Pidal, Ramón: *Poesía juglaresca y orígenes de las literaturas románicas*. Madrid, 1957.

Milán, Luis: Obra citada.

Pullini, Giorgio: *Burle e facezie del Quattrocento*. Pisa, 1958. (Saggi di Varia Umanità, **27.)**

Rychner, Jean: «Les Fabliaux. Genres, styles, publics», *La Littérature Narrative d'imagination. Des genres littéraires aux techniques d'expression. Colloque de Strassbourg, 1959*. París, 1961, 41-53.

Segre, Cesare: *Lingua, stile e società*. Milán, 1963.

Vollert, K.: *Zur Geschichte der lateinischen Facetiensammlungen des sechzehnten und siebzehnten Jahrhunderts*. Berlín, 1912. (Palaestra, 113.)

Zumthor, Paul: «Fatrasie et coq-à-l'âne», *Fin du Moyen Age et Renaissance. Mélanges Guiette*. Amberes, 1961, 5-18.

V

LA INSERCION DE LA FABLIELLA EN LOS GENEROS MAS EXTENSOS

Más arriba hemos observado de paso que la fabliella, en su forma típica de dos «cuadros», llegó a penetrar en el texto de obras de ficción más largas. Sólo a finales del siglo XVI alcanzó gran volumen este movimiento de irrupción, y tendía a producirse de dos maneras : *a)* la elaboración de los cuentos risibles primitivos en narraciones del tamaño de novela, en entremeses para el teatro a intrigas secundarias de la comedia, y en romances largos casi siempre apareciendo como libritos de pliego suelto ; *b)* la intrusión de esta materia fabliellesca dentro de la obra larga, como intercalaciones en la narrativa o como episodios con relación orgánica con ésta. En este período mismo López Pinciano compara el episodio precisamente con el «emplasto» :

> UGO : Sabida qué sea la fábula, presto es sabido qué sea el episodio, el cual es todo lo demás que no es fábula. Episodio, digo, es un emplasto que se pega y despega a la fábula sin quedar pegado algo de él.
>
> FADRIQUE : Sí, que el buen emplasto tiene estas condiciones y el buen episodio también, el cual se añade a la fábula y se puede quitar, quedando ella entera en su propio y esencial ; y se puede añadir otro y otros según que el autor diese gusto.
>
> (II, 20-21.)

Con frecuencia se puede distinguir una viejísima estructura de fabliella precisamente porque el autor la habrá dejado cristalizar alrededor de un *figura* o grupo de *figuras*, ahora llamado a una vida nueva dentro de una ficción original. Un ejemplo de esta intrusión, al cual se volverá a hablar, es el bachiller Sancón Carrasco del *Quijote*. Es un *figura* antiguo ya dentro de la tradición, el trampista *de condición maliciosa y amigo de donaires y de burlas.*

El fenómeno de la novela de marco y del episodio allí envuelto puede observarse desde otro punto de vista, o sea, analizando la relación que tiene la fabliella absorbida con la ficción de mayor envergadura. Cabe establecer tres modos de producirse : *a)* «abierto» (aquí la trama misma de la narartiva mayor deriva hacia lo ridículo, animada por el paradigma del cuento risible. Así es que por puro capricho, aunque sin duda a tono con algún oculto «tema trascendiente» del *Quijote,* que se modifica la novela de manera permanente intercalándose el episodio del Caballero del bosque y, claro está, no en la manera que pretendía el bachiller-*figura*); *b)* «ligado por un solo extremo» (en estos casos la ficción menor, ahora mal desleída dentro de la gran obra que habita, y sirviéndose tal vez de algunos o tal vez de ninguno de los personajes de ésta, emerge del relato a cierta distancia del comienzo de éste, o acaso se injerta allí terminada la interpolación. Un ejemplo de este tipo se evidencia en el cuento de Vireno y el relojero, el cual luego confluye con la trama de la novela principal *Ardid de la pobreza* de Prado [XXIII]. El personaje de Vireno no se encuentra modificado al final del episodio) ; *c)* «cerrado» (aquí la fabliella es una clara interpolación, poblada por personajes ajenos a la trama de la ficción mayor y sin ninguna pertinencia que se imponga. Puede ser que constituya un relato ejemplar amonestando a ciertos personajes de la obra grande, de la misma manera en que el «emplasto» del Pinciano pudiera ser lo que más necesitaba el paciente imaginario, pero en este punto el autor suele callarse y no garantizar nada. Este fenómeno de la interpolación «irrelevante» se puede estudiar en el cuento del loco que se cree el dios Neptuno al principio de la II Parte del *Quijote.* Las interferencias «laterales» del material de fabliella en la novela cortesana o la picaresca —y aquí una definición más que la convencional no se impone— caen igualmente dentro de esta categoría).

El fenómeno que primero penetró dentro de los géneros largos fue el *figura,* sea el burlón, sea el burlado. Los orígenes de éste son de los más oscuros, siendo posible trazar su descendencia, a un extremo «culto» del panorama de las posibilidades, del siervo cauteloso de la comedia romana pasando por las *comoediae* escritas en latín de la Edad Media —que fueron a menudo fabliellas dialogadas— y a otro extremo «supersticioso», «ctónico», de manifestaciones como la de la *buffona* rural de Cerdeña, hazmerreír profesional que se hallaba presente al momento mismo del entierro de los muertos del lugar, para practicar un resucitar ritual de los espíritus vitales de los que lloraban. La atmósfera intelectual de la Baja Edad Media había fomentado el desarrollo, dentro de la tradición oral si no de la literaria, un típico *figura* parecido al bribón de fabliella quien, visto filosóficamente, sirve para distinguir, ante el que presencia las circunstancias de su trampa, la realidad de las cosas de la mera apariencia. El engañado, el bobo, se comprueba deficiente en cuanto a esta habilidad. El bribón habrá de arrostrar cada situación nueva de acuerdo con la realidad, mientras que el bobo siempre ha de tropezar con lo desconocido. Es muy frecuente que este último se atenga a un cuerpo de doctrina tradicional como guía por el laberinto de la vida, guía poco eficaz empero, puesto que su rival sabe construir las apariencias, tal vez adoptar disfraces, para luego ganar el predominio. Esto lo puede hallar aún más fácil cuando el engañado de siempre mantiene una creencia en los milagros o las reliquias. En cualquier caso los dos tipos tienen una atracción fatídica el uno para el otro, si bien con mayor frecuencia en la ficción que en la vida, como siempre ocurre en cuanto a fenómenos de fabliella.

Aunque se plasmó otra atmósfera intelectual, la humanística, no hubo por eso estorbo alguno para la creación continuada de estos *figuras;* los mismos humanistas desde luego los adoptaron, como hemos pormenorizado más arriba, para sus propias demostraciones filosóficas. Sólo es que en España apenas si encontramos esa equivalencia del bobo con el pecador, de lo necio con lo maligno, que observamos en las polémicas religiosas y las sátiras del norte de Europa.

Es muy probable que una apasionada renovación de interés en lo individual y lo enigmático del ser humano condujese a la observación de *figuras* bajo sus múltiples apariencias. En la literatura humilde del siglo XVI se asomó el figurón valenciano Ginés de Cañizares, recordado por Antonio Rodríguez Moñino, y tal vez fue persona de carne y hueso con sus manías características, aunque no fundó ninguna tradición de fabliellas. Había sido normal en tiempos anteriores al siglo en que vivía este Cañizares, que el error pecaminoso se asociase inmediatamente con cierta disminución de la facultad intelectiva, con el resultado que una conducta ridícula se consideraba no como interesante, sino como esencialmente despreciable. Una evidencia de este arcaísmo tal vez se observa en el cuento de «Santilario y el diablo tonto» (V), pero sería de veras difícil aislar una obra que ostentara este aspecto del moralizar medieval entre las que nos quedan impresas.

Parece muy probable que se hayan compilado cuentos acerca de *figuras,* tales como Lázaro de Tormes, Pedro de Urdemalas, Diego Moreno, Amaro de Laje y los nebulosos Matihuelo y Santilario, si bien no en forma escrita permanente, antes de que se asomaran los *figuras* que llevan estos nombres en libros impresos. Como es muy natural, las peripecias de un *figura* fácilmente se traspasan a otro; por eso, una cristalización entre muchas es la de un gracioso palaciego, mientras que otra, más tardía, es la de

un cómico popular como Juan Rana. He aquí una señal de la
teatralización de la vida literaria y la vida ambas en el siglo XVII,
puesto que Juan Rana no representa ya ninguna parodia del figurón «en la calle», ni del bufón cortesano, sino a sí mismo, al re-
presentante que carece de vida reconocible fuera de la escena.

Para seguir el ejemplo del *figura* que se hace nueva fortuna
como personaje novelesco, hay que observar desde cerca a Lazarillo de Tormes (VIII). Dentro de la novela impresa que poseemos
(1554), el protagonista —una vez postergados los primeros *tratados*, que relatan sus aventuras con el ciego y el clérigo en términos
de fabliella— deja de ser *figura* y se emancipa de la estructura del
cuento risible para siempre. Desde el final del segundo *tratado*
en adelante, no es ni engañador ni engañado, a pesar de cierto
anhelo por parte del anónimo autor por provocar la risa, entre
otras cosas, hasta el mismo final. Para regresar a los episodios del
ciego y del clérigo demos un paso hacia el pasado de la narración
corta ; contribuían a la invención de ellos *figuras* que antes pobla-
ban series de cuentos risibles de la tradición oral, aunque la pro-
pensidad especial para engañar a ciegos tal vez no tenía que haberse pegado forzosamente al nombre de Lázaro de Tormes antes de
la novela de 1554. Pero desde esa fecha, y dentro de esta novela,
hemos de ver algo nuevo : tendrán repercusiones los episodios que
cuentan las trampas hechas por Lázaro y las hechas a expensas
de él. Se ve claramente condicionado ya, despertado de su inocencia, por estas experiencias y nos lo dice. Lleva en la mente el
recuerdo mientras soporta más adversidades, y salta a la vista
que el autor se ha valido de una estructura más complicada y
humanizada que no ha podido hacer congruente con la arcaica del
cuento risible. Más tarde, en la novela, presenciamos en compañía
de Lazarillo la intrusión «lateral» de materia de fabliella y de
figuras: el escudero, sobre quien bien pudiera haber existido algún
corpus de cuentos, tan cerca está de ser *figura*, aunque poco des-
arrollado como tal en la novela ; y el buldero, acerca de quien
leemos dos fabliellas, típicamente de «echacuervos», una de las
cuales sólo aparece en la versión publicada en Alcalá.

Se ha construido, entonces, un puente entre los varios episodios, lo que ayuda al autor a ilustrar o justificar la conducta del
protagonista autobiográfico ; también entre una literatura de fabliellas sin posibilidad de gran evolución y una nueva, la de confesión.

Hay más evidencias de asociación de material fabliellesco alrededor de cierto *figura*, tramposo o víctima, y aquí alcanzamos
otra etapa en la novela biográfica con su base en cuentos risibles,
donde fabliellas y chistes se reúnen al azar en torno a un indi-

viduo. Si este tipo sobrevive o no dentro de algún período específico depende, claro está, de las convenciones sociales que rigen
la costumbre de contar cuentos o la industria divulgadora de
cuentos impresos. Por alguna razón de este tipo el libro que reúne
fabliellas acerca de un solo personaje, una especie de biografía
desprovista de verdadero estudio de carácter, llegó en su forma
pura muy tarde en España. Se puede aventurar la teoría que esto
see debe a la competencia de la novela picaresca, la primacía del
Guzmán de Alfarache de Alemán (1599) y de su «satélite» *La
Pícara Justina* (1605) de Francisco López de Ubeda. Ambas obras
ostentan a un narrador en primera persona, aunque se denomina
libro de entretenimientos la segunda de ellas. Es verdad que se
pueden entresacar narrativas menores de tipo facecioso de ambas
obras, pero al fin y al cabo lo que predomina son las consideraciones de carácter, como se había hecho en los últimos tratados
del *Lazarillo*. Mateo Alemán lleva prestado material de toda clase
del canon italiano, pero sus esfuerzos por situar la perspectiva
desde donde el lector tiene que *atalayar* los acontecimientos en la
conciencia subjetiva del pícaro más que sensitivo Guzmán, colo-
can la novela muy lejos de la categoría de «biografía risible» que
estamos explorando. La transformación que obra este procedimiento sobre el material antes irrisorio lo hace difícil de separar
del cuerpo de la novela. Lo desconectado de las cosas, lo que la
fabliella procura enseñar, sobrevive en cambio en la misma experiencia del pícaro. Las fabliellas pre-existentes se elaboran ahora
en episodios por los que el protagonista pasa y se sitúan dentro
del texto y de la atmósfera de la novela, por mefítica y poco
propicia al fin de la risa que esa atmósfera sea. La novela de
Pablos, el buscón quevedesco, aunque refiera en primer lugar el
anhelo de un joven poco escrupuloso por ser admitido en un
mundo social superior, abarca dos especies de episodio. Los hay
que explican las desilusiones del pícaro y éstos, él los recuerda,
los interioriza en su personalidad de personaje de novela ; y, por
otro lado, hay otros nada decisivos para la formación del carácter
de un pícaro. Aquí un ejemplo sería el de altercación ridícula del
buscón Pablos con un tal Poncio de Aguirre, lo cual resulta en
que el futuro buscón sienta cohibición ante el nombre de Poncio
Pilato en el mismo credo. Pablos en un caso como éste está repre-
sentándose como *figura* de antiguo cuento risible ; el episodio
mismo resale, en efecto, de un chiste no especialmente nuevo de
los *Diálogos* de Gaspar Lucas Hidalgo. Episodios parecidos a docenas se podrían extraer sin afectar a la unidad de novela picaresca del *Marcos de Obregón* de Espinel y muchos más. En el caso
de la fabliella que se incluye en *La pícara Justina*, el elemento

de introspección de parte de la trampista es tan somero que ella tampién puede considerarse remedo de figura y poco más.

Como se ha observado, las fabliellas empezaron imperceptiblemente a producirse en series, alrededor de protagonistas que han sido caracterizados suficientemente sólo para actuar en situaciones donde se encuentran enmarcados. El autor se ahorra la tarea de inventar motivaciones complejas. La producción de literatura de este tipo y a este nivel siempre fue, en aquellos tiempos, muy localizada y provinciana, con la consecuencia de que una serie coherente de aventuras como las de Long Meg of Westminster o de George Dobson en Inglaterra, o las del Sieur Gaulard, «gentilhombre del Franco Condado» en Francia, tal vez se esparcía en fragmentos por las provincias de España, y siempre bajo la influencia de transferencias y cristalizaciones típicas. Tanta literatura de cordel ha perecido, pero se asoma aquí y allá tal cual figura local, como el Antonico de Tévar, de Cuenca, en un pliego suelto de aquella ciudad y por lo demás desconocido (1603) (XVI).

Es de veras sorprendente, pero el primer libro del Siglo de Oro que se puede denominar biografía risible del tipo ya discutido es el *Quijote, Segunda parte* (1614) de Alonso Fernández de Avellaneda. Las fullerías de las cuales son víctimas los figuras avellanedescos don Quijote y Sancho Panza vienen aplicadas, por así decirlo, a los personajes inventados en 1605 por Cervantes. Se ha advertido varias veces que estos personajes fueron rápidamente asimilados por los elaboradores de la mitología subliteraria española y hasta se ha especulado que los tipos, y posiblemente los mismos nombres, antecedieron a la creación cervantina. La evidencia, de los versos liminares de *La pícara Justina*, de una carta de Lope de Vega, y de una anécdota del morisco Juan Pérez Taibilí, toda ella de 1604, puede indicar la circulación manuscrita de la obra de Cervantes, pero por otro lado puede indicar la existencia anterior a la fecha de figuras extraliterarias bien conocidos.

Destaquemos, al volver a la obra de Avellaneda, primero una extraordinaria agregación de descripciones y de incesante palique, todo lo cual forma una capa densa por encima de una serie de *desastradas ocasiones*, cada una de las que se pudiera separar. Apenas si se deja a cada episodio que dentro de sí se desarrolle una estructura completa de la forma típica de la fabliella; el efecto se produce por la conciencia que tiene el lector de la presencia, detrás de cada suceso, de los promotores aristocráticos don Alvaro Tarfe y don Carlos, *hombre(s) de sutil entendimiento*. Lo que distancia este libro de la biografía fabliellesca anterior, o sea, sus modelos extranjeros, es el hecho de que don Alvaro y don Carlos, a pesar de su gran poder como *figuras* fautores de todo, no eligen ellos mismos —si una vez exceptuamos los pormenores del desafío y de la derrota del «gigante Bramidán de Tajayunque»— el modo en que será engañado don Quijote, ni el teatro que ocupará. Un resultado es que se cuenta los incidentes después de su suceso, sin duda para que aquellos dos puedan complacerse en escuchar los relatos estrafalarios de Sancho, quien es aquí *figura* de fabliella con toda su simpleza. Es característico, sin embargo, aquí como en las demás biografías risibles, que el autor jamás dé indicios de cambio alguno en la personalidad de los *figuras;* don Quijote y Sancho son víctimas al principio y siguen siéndolo hasta el final. El contraste que se pudiera establecer con el carácter introspectivo y evolucionante de su contemporáneo Guzmán de Alfarache es completo.

El tributo que rinde Cervantes al género de la biografía en fabliellas aparece en la serie de episodios hacia el final de su propio *Quijote, II parte*, de 1615, los que se llevan a cabo en el palacio del Duque. Aquí vemos a don Quijote convertido en *figura* de fabliella, pero su personalidad no podría estar más distinta en el fondo, y los lectores lo saben. El homónimo avellanedesco, después de todo, siempre había aparecido *armado y embroquelado con su adarga* muy a manera de títere, fácil y continuamente supeditado a la voluntad de otros. Lo que anticipa el Duque de la novela cervantina, en cambio, es que don Quijote desempeñe el papel de *figura*, pero tanto del de engañador como de engañado; por lo menos no lo excluye :

> ... le atendían, con prosupuesto de seguirle el humor y conce-
> der con él en cuanto les dijese, tratándole como a caballero andan-
> te los días que con ellos se detuviese, ...

Claramente la intención del Duque resulta ser un poco más imaginativa que la que vimos antes, en el caso del duque de Calabria para con el canónigo Ester. Lo que se aproxima en mayor grado a aquello es lo que sufre Sancho en su *ínsula*, o sea, un intento de reducirle al nivel del *figura*-víctima de la biografía risible. Pero una vez más el Duque se equivoca; resulta en una modificación del carácter. Este Sancho no es meramente *figura*, aunque se le trate como uno de ellos.

«Bien es que cuanto esta manera de gente que llaman hombres de placer burlan a otros, ellos sean burlados a las veces», había dicho Luis Zapata, precisamente en torno a los moradores de establecimientos ducales. Y ésta había sido la esperanza del Duque, la de poder hacer burla de quien él considera su *hombre de placer*.

Sale del todo en vano. La resurgencia de lo patéticamente humano en aquel que se juzgaba tan sólo *figura*, arruina el elemento fabliellesco de estos episodios palaciegos. Tal vez Cervantes ha expuesto a la luz de la realidad también las situaciones propias de las fabliellas y las biografías risibles, como un aspecto más de su plan crítico. La crítica a la irrealidad de estas situaciones —en donde don Quijote se considera remedo de *figura* de fabliellas como había sido ya de caballero andante de novelas— ha sido ya de caballero andante de novelas— ha sido absorbido dentro de la novela mayor como parte orgánica de su contenido. Lo patético, resultado del choque entre la vida vivida y la imitación de Amadís, no es tan diferente de aquel que hace su apariencia cuando hay un choque entre estructuras de «biografía» avallanedesca y los acontecimientos de la verdadera vida que la novela de Cervantes refleja. Es notorio, sin embargo, que al avanzar el siglo XVII esta intención crítica de Cervantes no tuvo ningún efecto aparente; su caballero fue recordado sencillamente como *figura*. Para nombrar a un solo autor, Marcos García, en su *Flema de Pedro Hernández* (1657), se refiere a don Quijote como a un *figura* de viejo enamoradizo: «... nos embaraza la calle un figurón, un don Quijote, de tantas veo...» (73). Es muy evidente que la descripción es análoga tan sólo a la de la víctima falsamente enamorada que se hace de don Quijote en los episodios palaciegos.

Sólo en 1656 encontramos la biografía risible que se ha elaborado con el único propósito de despertar la risa, *Aventuras de don Fruela* de Francisco Bernardo de Quirós (XXII, a-e). Contiene chistes muy característicos a expensas de ciertos hidalgos anacrónicos residentes en Madrid, y entre aquéllos se pueden aislar cinco fabliellas. Toda la obra va en busca de lo ridículo evocando lo vanidoso y lo liviano que suele ser el *figura* de hidalgote.

Para completar este panorama se debe echar una mirada hacia los escritos que son, en parte, biografías risibles, tales como las obras donde el *figura* desempeña un papel algunas veces en una serie de chanzas, mientras en otras no es más que espectador o razonador. Un ejemplo seria el *Don Diego de Noche* (1623) de Salas Barbadillo, donde tal vez únicamente la última *aventura* se conforma con el paradigma de fabliella. Después, como en otras literaturas europeas, la biografía risible se esfumó en el humorismo que encubre casi siempre un intento satírico. Así es que *La flema de Pedro Hernández* (XXI), mencionado más arriba, se reduce a un aviso contra estafas notablemente en asuntos matrimoniales. Al pasar el siglo no se recuperó nunca la coherencia narrativa, y habrá que buscar la fabliella desde fines del siglo XVII en forma de romances vendidos como pliegos sueltos. El célebre

Molinero de Arcos, de abolengo boccacesco, llegó a reproducirse
así.

Una obra curiosa que atestigua el vigor de la fabliella bajo su
aspecto de ejemplo medieval es *El diablillo de la mano horadada*
(XXVI, a-h), de autor portugués desconocido, pero aparentemen-
te de principios del siglo XVIII. La narrativa que sirve de marco,
sin embargo, se sitúa en el siglo XVI, y presenta a un soldado,
Peralta, que regresa de los campos de batalla en Flandes. Este
Peralta adquiere enseguida un compañero, un ente híbrido entre
diablo y duende casero que trata repetidas veces de tentarle a
varios pecados. En esto no tiene ningún éxito, pero en cambio
causa una serie de molestias de tipo fabliellesco que recaen sobre
arrieros, huéspedes de tabernas y gente humilde por el estilo. El
anónimo autor luego moraliza sobre esto, declarando que la las-
civia, la concupiscencia o la hipocresía de las víctimas están a la
raíz de las eventuales calamidades.

En el origen de este tipo de fabliella hubo un confluir medieval
de anécdotas en torno a las travesuras del diablo —que no puede,
siendo fuerza sobrenatural, aparecerse en una verdadera fabliella—
y otras que representaban a un duende menor o espíritu ruin
—que sí puede, dadas las creencias tenaces del público del siglo—.
Vaya como ejemplo tardío el personaje demoníaco que se observa
en la fabliella de «Santilario y el diablo» (1519) (V). A este ente
medio humano se le aludía en varios países europeos como el
«antiguo», o sea el «antiguo enemigo», verdadero *figura* que des-
viaba y molestaba a la raza humana. Se ha enumerado a Marcolf,
Tyl Eulenpiegel, Puck y Scoggin, entre otros, tanto como aspectos cuanto como derivaciones del «antiguo». Más parecido a
nuestro diablillo es Fray Rux, un diablo-frailecillo que fue motivo
de fabliellas en serie y de libritos populares en lengua alemana,
danesa, inglesa y flamenca. Y hasta el lenguaje de la biografía
risible que tenemos en portugués parece muy castellanizado, tal
vez siendo resultado final de varias traducciones por el camino.

La idea fundamental de las fabliellas de Fray Rux, según parece, era de prevenir a los religiosos en sus conventos; es allí que
pasan las más de sus fechorías. En la versión danesa Rux tienta
a los monjes de Esrom a la liviandad, trayéndoles mujeres, exactamente como lo hace el Diablillo de la obra portuguesa. La versión flamenca (c. 1520, 1596) termina con el encierro de Rux en
un castillo arruinado. Y he aquí que en nuestra obra Peralta
empieza por encontrar al «antiguo» en «unas casas abiertas y
desocupadas de gente». Un aspecto descomunal que posee esta
obrita es el de hacer equivalencia entre la necedad de las víctimas
del Diablillo y su insuficiencia moral —aunque tantas veces sólo

la previsión del Diablillo basta para establecerlo, pareciendo todo suceder puramente al azar—, un aspecto que de otra manera no se ha observado en la fabliella del sur de Europa. Se puede aventurar la hipótesis de que *El diablillo de la mano horadada* tuviera su origen en los mismos Países Bajos por donde había viajado Peralta, soldado de Felipe II.

Por otra parte, para seguir con el tema del duende, aquel que se asoma en varios romances de pliego suelto, y que existe por lo menos en la imaginación de *figuras* que pueblan varios más, vive en la fabliella como en su elemento. Como el diablo que hace su apariencia en tantas leyendas hagiográficas, se puede hacer equivaler al duende al *figura* que es «pura inteligencia», que no es ser humano, pero que conoce muy bien las debilidades humanas, lo cual le transforma en cómplice o sustituyente del *figura* engañador.

BIBLIOGRAFIA

Armistead, Samuel G., y Joseph H. Silverman: «*El corregidor y la molinera. Some Unnoticed German Antecedents*», *Philological Quarterly*, 51 (1972), 279-291.

Barasch, Frances K.: Introducción a Thomas Wright, *A History of Caricature and Grotesque in Literature*, reimpreso. New York, 1968.

Bataillon, Marcel: *Novedad y fecundidad del «Lazarillo de Tormes»*. Madrid, 1968.

Bausinger, Hermann: Obra citada.

Buchanan, Milton: «Short Stories and Anecdotes in Spanish Plays», *Modern Language Review*, 4 (1909), 178-184, y 5 (1910), 78-79.

Caro Baroja, Julio (recopilador): *Romances de ciego*. Madrid, 1966.

Caso González, José: «La génesis del *Lazarillo de Tormes*», *Archivum*, 16 (1966), 125-155.

Choptrayanovitch, Georges: *Etienne Tabourot des Accords, 1549-1590. Etude sur sa vie et son oeuvre littéraire*. Dijon, 1935.

Cros, Edmond: *Contribution à l'étude des sources de «Guzmán de Alfarache»*, s. a., s. l. (Montpellier, 1968).

Debaene, L.: *De histoire van Broeder Russche*. Anvers, 1950.

Faral, Edmond: «Le Fabliau latin au Moyen Age», *Romania*, 50 (1924), 321-385.

Fischer, S.: «Sociopsychological Analysis of Folktales», *Current Anthropology*, 4 (1965), 235-295.

García, Marcos: *La flema de Pedro Hernández. Discurso moral y político*. Madrid, 1657.

Gilman, Stephen: *Cervantes y Avellaneda*. Méjico, 1951.

Hart, Walter M.: «The Fabliau and Popular Literature», *Proceedings of the Modern Language Association*, 23 (1908), 329-374.

Lázaro Carreter, Fernando: «Construcción y sentido del *Lazarillo de Tormes*», *Abaco*, 1 (1969), 45-134.

López Alonso, el Pinciano: Obra citada.

Mackensen, Lutz: *Die deutschen Volksbücher*. Leipzig, 1927.

Mish, Charles C.: «English Short Fiction in the Seventeenth Century», *Studies in Short Fiction*, 6 (1969), 233-330. «Popular Short Fiction», 259-273.

Peuckert, Will-Erich: *Deutsches Volkstum in Märchen und Sage, Schwank und Rätsel*. Berlín, 1938.

Priebsch, Robert: «Die Grundfabel und Entwicklungsgeschichte vom Bruder Rausch», *Festschrift für Johann von Kelle*. Praga, 1908. (Prager Deutsche Studien, 8), 423-434.

Ramondt, Maria: *Studien über das Lachen*. Groninga, 1962.

Rico, Francisco (recopilador): *La novela picaresca española, I.* Barcelona, 1967. «Introducción», 9-189.

Riley, Edward C.: *Cervantes's Theory of the Novel.* Oxford, 1961.

Riquer, Martín de: *Aproximación al «Quijote».* Barcelona, 1967.

Rodríguez-Moñino, Antonio: *Los pliegos poéticos de la colección del marqués de Morbecq, siglo XVI.* Madrid, 1962.

Russell, Peter E.: «*Don Quixote* as a Funny Book», *Modern Language Review,* 64 (1969), 312-326.

Thomas, Sir Henry: *The Crafty Farmer. A Spanish Folk-Tale, entitled How a Crafty Farmer with the Advice of his Wife Deceived some Merchants* (introducido por sir H. T.), Londres, 1938.

Wardroper, John: *Jest upon Jest. A History of Jest-Books in England from the Reign of Richard III to George III.* Londres, 1970.

Wilson, F. P.: *Shakespearian and Other Studies,* recopilados por Helen Gardner, Oxford, 1969. «The English Jest-Books of the Sixteenth and Seventeenth Centuries», 285-324.

Zall, P. M.: «*A Hundred Merry Tales» and Other English Jestbooks of the Fifteenth and Sixteenth Centuries.* Lincoln, Nebraska, 1963. «The Natural History of Jestbooks. An Introduction», 1-10.

— — «*A Nest of Ninnies» and Other English Jestbooks of the Seventeenth Century.* Lincoln, Nebraska,, 1970. «The Blending of Wit and Jest», ix-xviii.

Zapata, Luis: *Varia Historia. Miscelánea,* recopilada por Geertruida Christine Horsman. Amsterdam, 1935.

LA FABLIELLA Y ESTRUCTURAS AFINES EN LA EDAD MEDIA Y RENACIMIENTO

Siguen en evidencia ciertos residuos medievales hasta el final de la historia de la fabliella como forma literaria, o sea, hasta su ocaso entre los pliegos sueltos (XXIV) de los siglos XVIII y XIX. Lo que ahora nos ocupa es explorar por detrás de lo irrisorio de cuento risible, de entremés y de romance de ciegos, entrando en una zona donde se podrá percibir a menudo una congruencia entre sus típicos paradigmas de acción y otros que matizan la textura de la vida social en la Edad Media. La fabliella, según hemos destacado, es una narración precisa y formalizada, y por lo tanto no hay que buscar sus orígenes entre los grupos analfabetos ni entre las «masas» del mundo medieval. Se ha pensado a menudo que el elemento de irreverencia corresponde a un deseo de parte de estamentos o empobrecidos o «arribistas» de abochornar a las autoridades, mostrando así indocilidad frente a las reglas establecidas. Parece poco probable. Desde otro punto de vista teorizan los que ven en la fabliella un fenómeno parecido al de la fiesta de carnaval; los impulsos «biológicos», extracivilizados, que conmueven a la masa necesitan de vez en cuando revitalización artificial. De ahí los desmanes autorizados por la iglesia en Carnestolendas y en el día de los Santos Inocentes. Lo que es al mismo tiempo un ensalzamiento y una purgación de estos impulsos fisiológicos, constituiría la fuente de esa tonalidad que hemos observado, recalcando los efluvios corporales y las invitaciones desaforadas, de parte de hombres y mujeres, a la actividad sexual. La iglesia, entonces, al insistir en la conexión entre el exceso y el festival religioso, prendaría aquél, asimismo, de reglas y lo atraería dentro de la categoría de actividades a las que se aplican reglas.

Los textos españoles que atestiguan esta estructura muy parecida a la de los excesos de Carnaval, no son autóctonos en la Península. En sus primeros tiempos aparecen envueltos en los mismos paños que la escritura sapiencial de origen oriental. En otros casos, como el de la fabliellas del *Libro de buen amor,* llevan las características de haber sido introducidas de Francia, como parte de la migración universal de cuentos predicables que acompaña los pasos de las órdenes mendicantes. Lo que sería más significante, la recepción de la fabliella italiana vino pintiparada para la divulgación posible entonces con la introducción de la imprenta. Su aparente «acquiescencia social en la crueldad» confluía con el material de índole carnavalesca: escenas de caricatura, de humillaciones, de profanaciones y ensalzamientos bufonescos irrumpen en las ficciones renacentistas. Las profanaciones de la doctrina cristiana practicadas por el buldero del *Lazarillo de Tormes* (VIII) o por Pedro de Urdemalas, tienen aquí su raíz y no en la protesta social. Sin embargo, la idea de la fabliella como fenómeno de la crítica social, de que el pueblo se divertía así a expensas de nobles, prelados o *ci-devants*, siempre ha tenido sus enunciadores y, claro está, en los igualmente efectuados por los bribones astutos pero humildes, se observa a menudo una injusticia social vencida. Pero es el caso que esto se ve raramente con nitidez en la fabliella, y hasta el partidario de un grupo socialmente injusto se ve triunfar sobre un humilde si posee bastante astucia y si tiene *les rieurs de son côté*. Vamos a concluir que una vinculación mucho más fértil se haría con la lógica jocoseria del carnaval, donde se lleva a la práctica, durante tan sólo unas horas del año, un «mundo al revés».

Con esto hemos tocado uno de los distintivos de la fiesta tradicional como parte del denso tapiz de la vida tradicional. Se puede decir que toda una «retórica de lo de abajo» reemplaza a una «retórica de lo superior», al mismo tiempo que otra «retórica de lo de atrás» reemplaza a la «de las delanteras». La fabliella que hemos mencionado en torno a la malandanza del portugués Ruy de Melo (XI) ilustra una confusión casi ingeniosa de la última pareja, mientras que las innúmeras fabliellas que tratan de los que sufren a manos de practicantes con sus clisteles pretenecen a este clima del mundo al revés, aquí aplicado al cuerpo humano. Los *Diálogos de apacible entretenimiento* de Lucas Hidalgo (XIV, a-c) contienen tres fabliellas, entre muchos chistes breves, todas sobre los infortunios de la purgación y todas comprendidas en una colección destinada a dar deleite en el curso de una fiesta religiosa. Hidalgo así respeta la conexión antigua entre Carnestolendas y la complacencia en lo irrisorio de los efluvios físicos y en trasposiciones como el accidental trueque de la sopa del campesino y el contenido de la jeringa del clérigo.

El cuentecillo de Francisco López de Villalobos y el duque de Benavente (VI), donde la misma aplicación del clistel se hace bajo las apariencias de una profanación, con velas casi eclesiásticas a cada lado del catre del que sufre, introduce todo un aspecto de esta clase de ficción : la afinidad que lleva con las teorías médicas de antaño. Villalobos, *el hombre más chocarrero y de burlas que había en Castilla*, fue por lo visto seguidor de una escuela que preconizaba la disposición alegre tanto del médico como del paciente como ayuda en la victoria sobre los males del cuerpo. El humorista médico, notablemente el que tenía a su cargo los grandes de la tierra, pero cuya terapia, en parte, suponía una pérdida de dignidad profesional, verdaderamente existió. Como fuente teórica esta escuela parece haber tenido el discurso sobre la risa de Demócrito, que venía desde la antigüedad, como apéndice a los *Aforismos* de Hipócrates y, aunque se sabe que es completamente apócrifo, solía tener parecida autoridad. Llegó a canonizarse la teoría, por así decirlo, en la escuela importante de Montpeller.

Según otra tradición de la medicina, la de la escuela de Salerno, la doctrina de las seis cosas no-naturales —*aer, cibus et potus, repletio et evacuatio, exercitium seu motus, somnus et vigilia* y *accidentia seu motus animi*— contenía, en esta última fuente de la salud, la raíz de mucha literatura y mucho espectáculo risible. Con la alegría asegurada por libros, cuentos y dramas el convaleciente se fortalece, y todos tienen robustecidos los espíritus vitales ante pestes y epidemias, además de los maleficios de hechiceros. La alegría como fundamento de la salud viene propuesta en España notablemente por Bernardo Gómez de Miedes, en su *Commentarii de sale* (1579), y por Miguel Sabuco, en la *Nueva filosofía de la naturaleza del hombre* (1587).

Nunca está muy lejos de estas teorías el motivo de la purgación ; para el lego como para el autor de fabliellas parece que domina el pensamiento de cualquier médico. Y es que la fiesta de Carnestolendas había sido a su modo un momento de paréntesis en el año cristiano dedicado a la purgación. Al final de la Cuaresma también oímos de los esfuerzos de la iglesia por disipar la melancolía de los fieles y, por consiguiente, evitar su agotamiento espiritual y su falta de defensas contra los ataques del demonio. Los ricos se confiaban a sus médicos para protegerse de influencias nocivas o de recaídas físicas en cuanto que éstos les provocaban la risa terapéutica. Toda una tradición de lo irrisorio ínsito en la medicina seria se extiende desde Villalobos a López Pinciano, López de Ubeda, Juan Méndez Nieto y más allá. Estos médicos «literarios», o justificaban teóricamente sus prácticas, o crearon figuras capaces de llevar a cabo travesuras de índole comunmente «medicinal». Lo de la pícara Justina y la bizma de Sancha Gómez (XVII) es un buen ejemplo.

Si bien esta base terapéutica de la fabliella nos suena hoy a arcaica y supersticiosa, podemos ensayar otra línea de investigación, ubicando la fuente de esta forma literaria en la necesidad humana del juego, el anhelo de los hombres por disolver la experiencia en chistes y cuentos risibles; así se procura hacer desaparecer ciertas angustias e incitaciones colectivamente resentidas. Mirada desde otro punto de vista, esta necesidad no es otra que una racionalización de un comportamiento social psicológicamente malsano, semejante a un «juego» practicado en oposición a los que una cultura permite. Estas incitaciones experimentadas ante situaciones humanas «defectuosas» se agrupan en varias clases y habrá, por supuesto, cierta interferencia entre ellas. Podemos identificar : a) la incitación hacia el encumbramiento de sí mismo, que conlleva el deleite perverso de sobrepujar al prójimo. Este aguijón está en la base de aquellas fabliellas que culminan en la humillación de algún *figura*, por ejemplo, cualquiera de los numerosos sacristanes de entremés. Pertenecen aquí todas las fabliellas que ilustran la *ultima ratio* de la violencia física compañera de la carcajada del «mundo como es» delante los esfuerzos de un bobo humillado en una situación anárquica.

Menos violento como estímulo originario de la fabliella es, b) la incitación perenne del hombre hacia el puro juego, inclusive su obediencia irracional a las reglas de éste. En fabliellas que dependen así del juego podríamos aislar como distintivos los malentendidos situacionales y, sobre todo, verbales, las repercusiones de los errores cometidos en la valorización del instante. El *figura* ya triunfa, ya sufre humillación a causa de una imprecisión, por ejemplo, la del lenguaje figurado en que recibiese alguna orden en el curso de su deber. Vemos así a Antonico de Tévar (XVI) que al principio echa una trampa al carnicero de la fabliella, con un juego de palabras casi imperceptible. El carnicero entiende por «piernas» la orden para servir un pedazo de carne específico, mientras que Antonico reflexionaba sencillamente sobre su capacidad para la fuga. A su modo, entonces, él pertenece al mismo grupo de *figuras* que Tyl Eulenspiegel, los que saben las «reglas del juego», tales como son éstas, mejor que sus víctimas, llevándose así la victoria. La cruel mofa que observamos en la *II Parte del Quijote* de Avenallenada, cuadra aquí también, y sus urdidores nunca se cansan de declarar que todo no es más que un juego («Alvaro ¡ qué paso te pierdes !»). Muy relacionado es el caso más complejo, del *figura* que aspira a lo que está fuera de su alcance ; entonces los trampistas que él encuentra en el camino pueden hacerle víctima sin rebajarse siquiera a la violencia. Aquí se clasifican, a pesar de su tenue conexión con el juego, los casamientos engañosos.

Otro estímulo eterno de la mente es *c)*, el que incita hacia la reducción de lo caótico que hay en la experiencia : la elaboración de la forma donde no había más que lo informe e incomprensible. En cualquier edad en el pasado se solía juzgar que la raíz de lo ridículo estaba en cierta fealdad o torpeza, vista como desviación del orden cósmico. Así se expresa López Pinciano cuando relaciona los chistes con lo que él llama «conceptos ridículos» :

> FADRIQUE : ... esto de los conceptos, ... carece de orden para ser enseñado ; y sólo sé decir que el concepto que tuviese y exprimiese algo de feo, de la manera que está dicho será ridículo. Esta es una materia tan derramada que no siento quién la haya recogido más, ...
>
> (III, 68.)

El comportamiento del afligido de la locura no despertaba entonces la misericordia, sino muy a menudo la risa, siempre que ofreciera una instancia de *admiratio*. Lo disforme y lo extraño de la conducta de un *figura* retaban, por así decirlo, el ansia hacia la forma entre espectadores y lectores de fabliellas. La prospectiva del desequilibrio en un *figura* humillado sería entonces una faceta más de la falta de proporción que se intuyera en la existencia. El triunfo de un bribón sobre ese *figura* llega a aplaudirse como triunfo no tanto sobre la indecencia o la excentricidad como sobre un elemento absurdo y amenazador en la creación. Distinguimos por ende un elemento de temor en la biografía risible del Quijote hecha por Avellaneda : un espíritu de alegría malsana acompaña el desenlace de lo urdido por don Alvaro, don Carlos y sus cómplices en todos los niveles sociales, a expensas siempre de don Quijote. Esta rectificación envía a don Quijote a la triste Casa del Nuncio, un acto de crueldad que no estorbaría el deleite del lector contemporáneo de Avellaneda, cuyo subconsciente, debemos inferirlo, aprobaba tan costosa reimposición de las leyes razonables de causa y efecto.

Mucho más cerca de nuestras sensibilidades modernas, aunque todavía con su base en la incitación de siempre hacia la forma, está *d)*, aquel aspecto que vincula la fabliella con los géneros literarios futuros : es una fórmula estética que permite el fluir de la energía. Para que este efecto se produzca de manera satisfactoria, el arte de contar el cuento llegará a tener más y más importancia. Pontano había propuesto en su *De sermone* que las ocasiones sociales se sometían ya todas a ordenanzas casi inmudables : los funerales, los banquetes y los juegos de todo tipo. Y expresa su asombro que el contar de cuentos irrisorios no haya en su tiempo también adquirido reglas y estatutos. Detrás de la capacidad humana para la *facetudo* entonces se esconde igualmente un ansia de codificación, aunque parezca muy alejado de lo otro ; la satisfacción primaria de una rabia apenas confesada para desterrar lo informe. De ahí que aparecerán los detalles que prestan autenticidad al cuentista y la habilidad estilística, y de pronto nos encontramos en terreno literario bien conocido.

Otro impulso relevante es *e)*, el que empuja a los hombres hacia la actitud ambivalente frente a los valores aprobados. Al lado de un apuro sentido por el apoyo de sistemas éticos tradicionales solemos encontrar, y notablemente en el caso de las ficciones, un deseo de reírse de aquellos sistemas, cuando las reclamaciones de *religio*, *pietas*, *humanitas* y *societas* empiezan a sentirse como opresivas para el alma. Así es que encontramos el cuento que se burla del sacerdocio como fenómeno representativo de un sistema religioso, aunque el terreno metafísico de éste rara vez se ponga en zozobra. En una época en que el sistema de virtudes caballeresco todavía posee vigencia —la valentía y el empeño al servicio de *pietas*—, la fabliella presentará al caballero en situaciones donde sólo cuadraría el *sermo humilis* del chiste, y esto se ha juzgado como si fuera incidencia consciente y temprana del realismo. Ciertos *figuras*, como el Quijote de Avellaneda y el don Fruela de Quirós (**XX**, *a-d)*, se declaran solidarios de algún sistema de caballerosidad o de galanura inventado por ellos mismos a base de una tradición pasada de moda, mientras los trampistas de las fabliellas correspondientes se deleitan en demostrar cómo lo hechos concretos destruyen por completo esa solidaridad. Las fuentes de una conducta que se considera razonable se demuestran acenagadas por el vil deseo en cualquier fabliella, y la conducta que se suponía vinculada con cierta confianza a los designios de Dios se comprueba sujeta al mero azar. De ahí que cada aspecto de la confianza de la humanidad se reanuda, frente al prestigio fabliellesco, con una visión «desde esta ladera». Sigue recalcando el aspecto material de la existencia. Siempre cabe advertir que otro personaje literario, el pícaro, mantiene a su vez la actitud realista hacia los sistemas éticos. Podríamos establecer el contraste entre el *figura* y éste, sin embargo, indicando que cualquier *figura* encuentra significación en cierto sistema de valores que supone a su alrededor ; el pícaro, al fin y al cabo, no reconoce tal significación a no ser como expediente.

Existe una relación estrecha entre este último impulso y otro, *f)*, el que estimula al hombre de la masa a ultrajar el conjunto de tabús sociales en cada edad histórica. De esta manera la vida sexual y el mecanismo de la evacuación corporal pueden constituirse en bases del cuento irrisorio. *Grosso modo*, el vínculo entre este impulso y el anterior, el que abarcaba sistemas de valores, corresponde al simbolismo que hemos observado antes : la mitad superior del cuerpo humano, donde residen tradicionalmente los valores loables de la valentía —señalada por el pecho bajo su coraza— y la sabiduría —por la cabeza que encubre el yelmo ; y la mitad inferior, donde pasan en actuación los momentos «vergonzosos» de la vida : la generación y la evacuación—. Observamos que la simulación de estas actividades tenía su parte en la ceremonia de Carnestolendas vinculadas con escenas de un mundo al revés. Una invitación muy parecida hacia lo concretamente material conduce a la burla hecha a cualquier ternura, y el amor no aparece sino supeditado a la violencia o la descortesía. En el caso de las escenas «nauseabundas» de muchos cuentos, el deseo que el lector puede sentir de reírse se conecta mal con la risa despertada por una reflexión sobre unos amores desproporcionados. La etiología de aquella risa puede revelarse en un sentimiento de liberación de haber «vivido» en la imaginación la experiencia que da náusea.

Como en el caso mencionado de la religión ultrajada en las personas de sus ministros (II, XIII, XIV, XX, a-d), solemos hallar a maridos engañados por medio de una increíble ingenuidad (III, IX b, XII, XV, XXV), sin que la institución del matrimonio sufra menoscabo verdadero. Las virtudes de la mujer casada, al mismo tiempo, se reducen a la mera fidelidad, que a su turno se reprocha como incapacidad para la aventura amorosa. Cualquier concepto del amor que buscara situarlo en la mitad superior del cuerpo se ve ajustado firmemente a la *Diesseitigkeit* de lo genital. Tenemos aquí, sin duda, un tenue eco de algún concepto de lo femenino como envilecedor, pero al mismo tiempo renovador, del tono de la vida social. En cada cuento de éstos se subraya la falsedad, el materialismo y la concupiscencia de ella, y cuando se trata de alguna figura femenina vemos en seguida el contraste entre su capacidad para el engaño y la de los hombres que se dedican a las trampas. De ahí que el pobre Juan Prados aprenderá arduamente que hay que santiguarse antes de alternar con ellas.

No existe evidencia alguna de que este fenómeno narrativo fuera considerado específicamente realista o correspondiente en alguna manera a los gustos de «los de abajo» en otras épocas. Observamos, en cambio, la promiscuidad de dos tipos de literatura : la lírica sacra de Alfonso el Sabio con sus *cantigas de escarnho e de mal dizer*, y la poesía característica del *Cancioneiro* de García de Resende, recopilada con el ridículo concurso de poemas «evacuatorios» *O brazeiro*. Se debe concluir que aun los más nobles sienten la incitación de profanar lo reverenciado y lo ceremonial.

Las dos fases de la introducción de los tipos de narración que iban a encontrarse en el cuento irrisorio español —el cuento «popular», dirigido a expresar el triunfo del amor propio y del grupo, hasta de la malignidad y el odio, que reconoció ya Aristóteles en su indagación de lo cómico, y el apotegma humanístico, que ejemplifica la solicitud del *vir facetus* por la *relaxatio* de sus amigos escogidos—. Resumen entre sí aquellos impulsos psicológicos que hemos enumerado. La diferencia reside en que la fabliella «popular» está más vinculada con la época infantil de esos impulsos en la vida del hombre. La risa infantil, en la experiencia de todo el mundo, es avivada fácilmente por el ultraje hecho a lo que la «sociedad» que el niño conoce está dispuesta a aconsejar y a permitir. Pero la base psicológica tiene importancia cuando se observa que lo que el juego feroz de los niños encubre es una dosis de mimetismo de las incapacidades infantiles de los mismos mofadores experimentadas en un momento anterior en la vida. La carcajada celebra una victoria obtenida sobre la ineptitud, sobre una etapa previa de la infancia ya excedida y además borrada del consciente. Allí subsisten las ansiedades radicadas en la etapa de torpeza relativa, y tal vez tiende el niño a resentir una recaída posible. Jugando, entonces, la reevoca, asegurándose en cierta manera que no será así, y un resurgir de la angustia relacionada se descargará en risa cuando el niño mayor vea la incapacidad de los menores para cumplir las tareas y los juegos que él ya sabe bien hacer.

Esta risa despiadada de la infancia debe entonces considerarse como un fundamento importante del cuento irrisorio de la gente mayor en otros tiempos. Participa también en el espíritu de los juegos apreciados por los adultos bajo todos sus aspectos. Participa así con respecto a su esencia gratuita, su arbitrariedad —siempre dentro de las reglas concedidas— y su receptividad a los que pueden demostrar una habilidad superior. Los acontecimientos descritos en el cuento típico muestran el mismo cariz moralmente neutro que los concursos deportivos. Los mismos aspectos, al fin, se aplauden.

Roger Caillois ha establecido una terminología muy atractiva para tres categorías primordiales del juego. Primero viene la que él nombra *agôn*, o sea el mismo concurso, detrás del cual está en vigor el deseo del jugador de ver reconocida su preeminencia, aplaudida su capacidad para manipular u ordenar un aspecto del universo que él entiende mejor. Queda muy cerca del orgullo del artesano, aunque la meta parezca en un principio más infantil. Por el otro lado, el promover esa meta necesita capacidades para la reflexión, la perseverancia y la clarividencia, todas señales de la madurez. De ahí que una burla complicada, formando parte de una fabliella, dista mucho del placer del niño en ver sufrir a un rival. Además, la acción de muchas fabliellas demuestra menor interés de parte de los bribones de surtirse ganancias o de dar alguna lección moral; el cuentista, sin embargo, preferiría tal vez presentar así su materia. *El castigo de la miseria*, de María de Zayas; *Los tres maridos burlados*, de Tirso de Molina, o la narrativa de los infortunios de Juan Prados (XV, a-b), todos ostentarían un aspecto didáctico, pero mirados desde cerca son cuentos risibles, con un didactismo totalmente advenedizo. Caillois, en cada una de sus tres categorías, señala las corrupciones posibles del principio de juego correspondiente. El *agôn*, por eso, puede degenerar cuando el jugador se vuelve vanaglorioso o cuando empieza a desentenderse de las reglas. Pero en fabliellas de este tipo el *figura*, que es el jugador, no cae en una tal imperfección; los lectores no se sentirían bien delante de semejante inconsistencia.

El segundo principio es denominado *alea*, y en este caso el resultado del juego no depende de la pericia o la destreza del jugador; el azar solo decidirá si va a ganar o no, siempre dentro de las reglas establecidas. El paralelo en las fabliellas no abarca al *figura* del tramposo, puesto que éste rara vez presume que su víctima podrá vencerle al azar. Los obstáculos erigidos, las precauciones intentadas por el bobo, sin embargo, claramente caen dentro de la categoría de *alea*. Lo irrisorio reside a menudo en la pericia inconsciente del bobo, contrastada con la inútil del bribón que quiere explotarle.

Si podemos hablar de una necesidad psicológica que está en el fondo de ambos principios, será la de vencer lo opaco de la realidad, de sustituir modelos perfectos de situaciones en la vida en lugar de la confusión de la existencia. Ni la virtud ni la razón pueden aniquilar esta opacidad, esta confusión, mientras que la cautela y la fe en el azar pueden surtir este momento triunfal.

El tercero entre los impulsos hacia el juego, según el análisis de Caillois, es el que caracteriza como *mimicry*, algo parecido al mimetismo. En este caso, el bribón o su víctima juega a la metamorfosis de sí mismo y luego se comporta según el disfraz o la nueva personalidad postiza. Juega con la creencia, a veces con la que quiere infundir en la mente de otros, de que es otra persona, de que tiene, dígase, otro rango social. Claro está que este principio podrá confundirse con el primero, *agôn*; la fascinación despertada en alguna víctima bien pudiera regir el mimetismo del trampista, dejando para los bobos solos la fascinación de sí mismos una vez disfrazados. La posibilidad de perder este tipo de juego reside, por supuesto, en la incapacidad del jugador para sostener la ilusión que está irradiando. Una evidencia de parecido fracaso se observa durante los infortunios del Sancho de Cervantes como gobernador de su ínsula, ese dominio que le ha sido dado como en un libro de fabliellas. Las instancias del éxito del trampista que se sirve del mimetismo como arma son de veras numerosas ; la fabliella perenne de la tonsura —Juan Prados (XV, a-b), el Santillana de Tirso— la ilustra perfectamente. Como cada uno de estos principios tiene su posibilidad de corrupción, la del *mimicry* puede ser la derivación hacia el enajenamiento cerebral y, en casos más serios —que apenas podrían prohijarse al cuento cómico—, el sentido morboso de una doble personalidad. La imbecilidad benigna parece que se consideraba en otros épocas cosa de risa, y el Quijote de Avellaneda y la serie de excéntricos inventados por un Castillo Solórzano (XIX) eran sólo tantos *figuras* plasmados bajo el aspecto de jugadores de *mimicry*. La cautela, las malas jugadas, la misma violencia se permitían contra ellos según las «reglas» de un juego bastante cruel. Hasta en el cuento risible se atisba la situación del orate como era en la vida, que no en el juego, y es de suponer que había simpatía verdadera para con ése. Tenemos las palabras de uno de los compañeros del Santillana tirsiano : «¡ Déjenle y no se espanten ! Ha estado el pobre seis meses loco...»

Si las ocasiones para el obrar decisivo del azar sólo desempeñan el papel tan importante en la ficción fabliellesca de este tipo, será interesante investigar algunas correspondencias estructurales con fenómenos culturales de otros tiempos. El hombre siempre ha querido aspirar a alguna certeza tocante a su destino, y casi todas las actividades irracionales se atribuyen a esta insatisfacción, desde los juegos preferidos a los síntomas psicopatológicos. Además, refleja en la esfera social una creencia que la razón cede el paso al azar. Detrás de las apariencias y las eventualidades de la vida en la sociedad se oculta una justicia inmanente a los esquemas supuestos, de la cual deban conformarse las decisiones en la vida en sociedad. Presenciamos entonces una parodia del obrar de esta justicia inmanente, divina, cuando el burlador explota en la fabliella la creencia de su víctima en los milagros o en la prontitud de las intervenciones de Dios. Aunque inventada para provocar la risa, la fabliella incorpora el mismo punto de vista en cuanto a lo fatídico que muchas crónicas y que los romances viejos ; los acontecimientos son igualmente supeditados a una actitud irracional ante lo inescrutable. Es una actitud afectiva, y aparece, por lo tanto, desde la Edad Media vinculada con las relaciones guerreras y las forenses.

En la esfera de la guerra medieval lo que salta a la vista es el elemento preponderante de *agôn*, de conformidad a ciertas reglas

que disponían las cosas en lo posible para que el terreno fuese
igual entre campeones. Se invocaba el principio metafísico de la
justicia inmanente por medio de la adscripción ritual de la infamia a una de las partes por la otra, una maldad también inmanente que pudiese luego purgarse al ganar el concurso bélico o el
campeón a solas o un grupo de escogidos. La otra parte recopro-
caba la infamia y el reto, y el combate se colocaba de allí en adelante bajo el amparo de un *iudicium Dei*. Desde el punto de vista
del capitán de guerra, desde luego, esta reducción del combate
hasta el mínimo tenía varias ventajas: las preparaciones poco pro-
picias de un ejército entero podían evitarse y también las estra-
tagemas complicadas y aleatorias. Todas éstas eran cosas que
prometían muy poco honor en la guerra. El que no consintió en
este *iudicium* supersticioso solía ser el teólogo, aunque encontramos en Francisco Suárez una última tentativa para defender tales
combates como economizadores de matanzas; si una guerra entera es justa, razona Suárez, cualquier combate limitado en el
curso de ella también debe considerarse justo. Esta doctrina es
una emanación de la de su coetáneo Martín de Azpilcueta, y
ambos teólogos distinguen el combate de campeones en la guerra
del desafío y combate privado, siempre reprochable. Es probable
que Suárez sea el último defensor de la noción del *iudicium Dei*
y que en España se encontrara un último reducto de la aplicación
de ella a la guerra. Blaise de Monluc había contado la experiencia
de ver a sus aliados españoles echarse por tierra a besarla antes
de cerrar; debemos tal vez considerar esta acción como una sú-
plica hecha a la justicia inmanente todavía a mediados del siglo XVI.

La evolución del sistema de valores caballeresco marca una
etapa hacia la modernidad, pero siempre dentro de lo lúdico. La
noción de apuesta, y no la de la infamia presumida del opositor,
domina el pensamiento caballeresco. Se reconoce al antagonista
como caballero y como igual, se evapora la relación con el temor
religioso que antes tenía el combate, y los retos de la caballería
se comprueban aptos para la burla del cuentista.

Aquel formalismo primitivo en la guerra, ligado con aquel principio de la petición hecha a una justicia inmanente, suponía algo
como el emparejar la legalidad y la virtud con cierta suficiencia
a prueba, y al mismo tiempo deshacen los intentos de aquel hi-
póstasis de la angustia: el diablo. Por esto las doctrinas de ju-
risprudencia se veían sujetas hasta cierto punto por esta misma
superstición en España mucho después de su abandono en otros
países. Las ordalías verificaban esa suficiencia y, por consiguiente,
la legalidad o la inocencia. Hasta algunas decisiones en el Dere-

cho canónico español se patentizaban recurriendo a la ordalía, aunque los sínodos medievales lo reprochasen. Por la ordalía del combate se trataba de decidir en Burgos (1077) la cuestión de la aptitud de la liturgia, la mozárabe o la romana, y por la ordalía del fuego lo mismo sucedió en el sínodo de Toledo de 1091. El IV Concilio Laterano, de 1215, anatematizó esta práctica y además recomendó su abandono en los tribunales no eclesiásticos. Sin embargo, el sínodo de León (1288) y el de Valladolid (1322) siguieron condenando una práctica ya arraigada, y hasta oímos de una ordalía de combate delante de Carlos V en Valladolid en 1522. Las ordalías del fuego se mencionan como cosas acostumbradas por Martín de Azpilcueta en 1584. En el siglo XVII parece que de estas costumbres judiciales sólo sobrevivieron la ordalía de la hostia —el sacerdote acusado no podría, si no era inocente, ni masticar ni tragarse la Sagrada Forma— y la de la vela, en Navarra. En este caso, un *iudicium Dei* decidiría la legalidad dejando apagarse primero la vela del que tenía la peor parte en el litigio.

Con toda conciencia de estas ordalías podemos imaginar la gravedad de la propuesta por el buldero de *Lazarillo de Tormes*. Claro está que el buldero organiza el resultado de la ordalía del alguacil, y no importa que esté en tierra sagrada. Escondida por detrás de las risas provocadas por la burla hecha al supuesto blasfemo, entre los primeros lectores del cuento, hubo tal vez un residuo de angustia: este *iudicium Dei* se insertaría en una serie experimentada en sus propias vidas. Todas estas estructuras —bélica, forense, irrisoria— corresponden entre sí como expresiones de un deseo colectivo de justicia, hasta entonces juzgada como estorbada por la realidad cotidiana.

Los arreglos antiguos del elemento irracional en la vida social obedecen un impulso en la psicología colectiva para imponer una forma sobre lo informe de lo fortuito experimentado. Los varios tipos de narración desarrollados antes de aparecer la imprenta son todos elementales «anteojos de mejor vista», detrás de los cuales la realidad se percibe y se interpreta. Entre ellos está la fabliella, que hemos visto llamarse también conseja, patraña o cuento irrisorio, cuya trama específicamente ridícula o cuyo conjunto atropellado de acontecimientos ridículos es un vidrio por el que se observa lo desconectado de las cosas. Los esquemas que emplea, la precaución inútil, el burlador burlado o algún otro parecieron una vez a los designios mismos de una justicia inmanente, pero soberana. Puede ser que veamos muy poca sabiduría en estos cuentos si aparecen solos o si hilvanados a lo largo de una narrativa extensa, pero sí que lo admiremos como estructura estética, dejando de un lado cierta falta de verosimilitud y cierta incitación hacia el caos ético.

BIBLIOGRAFIA

Armstrong, Robert P.: «Content Analysis in Folkloristics», *Trends in Content Analysis*, recopilado por Ithiel de Sola Pool. Urbana, Illinois, 1959, 151-170.

Bakhtin, Mikhail: *Rabelais and his World*, traducción inglesa por Helene Iswolsky. Cambridge, Massachusetts, 1968.

Bataillon, Marcel: *Pícaros y picaresca*. Madrid, 1969. (Colección Persiles, 37.)

Bayer, R.: Obra citada.

Benjamin, Walter: *Illuminations*, recopilado por Hannah Arendt, traducción inglesa. New York, 1969. «The Storyteller», 83-109.

Benson, Larry, y Theodore Andersson: *The Literary Context of Chaucer's Fabliaux*. Indianápolis, 1971.

Caillois, Roger: *Les jeux et les hommes*. París, 1958.

Cram, Kurt-Georg: *Iudicium belli. Zum Rechtscharakter des Krieges im deutschen Mittelalter*. Munich y Colonia, 1955. (Beihefte zum Archiv für Kulturgeschichte, 5.)

Crane, T. F.: «Mediaeval Sermon-Books and Stories», *Proceedings of the American Philosophical Society*, 21 (1883), 49-78, y 56 (1917), 369-402.

Dundes, Alan: «From Etic to Emic Units in the Structural Study of Folklore», *Journal of American Folklore*, 75 (1962), 95-105.

Eis, Gerhard: *Vom Werden altdeutscher Dichtung*. Berlín, 1962. «Spielmann und Buch als Helfer in schweren Stunden», 76-93.

Fluck, H.: «Risus paschalis», *Archiv für Religionswissenschaft*, 31 (1934), 188-212.

Gilman, Stephen: Obra citada.

Goldmann, Lucien: *Pour une sociologie du roman*. París, 1964.

Jackson, Kenneth H.: *The International Popular Tale and Early Welsh Tradition*. Cardiff, Gales, 1961.

Legman, Gershon: Obra citada.

Lefebvre, Joël: *Les fols et la folie. Etude sur les genres du comique et la création littéraire en Allemagne pendant la Renaissance*. París, 1968.

Mauron, Charles: *Psychocritique du genre comique*. París, 1964.

Meiners, Irmgard: Obra citada.

Monluc, Blaise de: *Commentaires, 1521-1576*, editados por Paul Courteault. París, 1964. (Bibliothèque de la Pléiade, 198.)

Moser-Rath, Elfriede: *Predigtmärlein der Barockzeit. Exempel, Sage, Schwank und Fabel in geistlichen Quellen*. Berlín, 1964. (Supplementserie zu Fabula, A/5.) «Einführung», 3-89.

Neumann, Siegfried: «Volksprosa mit komischem Inhalt», *Fabula*, 9 (1967), 137-148.

Nottarp, Hermann: *Gottesurteilstudien*. Munich, 1956. (Bamberger Abhandlungen und Forschungen, 2.)

Paulson, Ronald: Obra citada.

Ramondt, Maria: Obra citada.

Ranke, Kurt: «Schwank und Witz als Schwundstufen», *Festschrift für Will-Erich Peuckert*. Berlín, Bielefeld y Munich, 1955, 41-59.

Rapoport, Anatol: *Fights, Games and Debates*. Ann Arbor, Michigan, 1960. «Preoccupation with Craftsmanship», 270-272.

Russell, Peter E.: Obra citada.

Schirmer, Karlheinz: *Stil-und Motivuntersuchungen zur mittelhochdeutschen Versnovelle*. Tubinga, 1969. (Hermaea. Neue Folge, 26.)

Schweizer, Werner R.: *Der Witz*. Bern, 1964.

Suárez, Francisco: *Opera omnia*, editados por Charles Berton. París, 1856-1878. «Disputatio XIII. De bello, sectio ix.»

Tetel, Marcel: *Etude sur le comique de Rabelais*. Florencia, 1964.

de un lado cierta falta de verosimilitud y cierta limitación hacia el caos ético.

BIBLIOGRAFIA

ANTOLOGIA DE FABLIELLAS

I

Ahora os quiero contar de cuatro clérigos que querían ser obispos y arzo-bispos. No hallaban hombres en todo el reino que fuesen diligentes para ir con ellos llevar letras al papa, hasta dentro que hubieron de llegar cuos [sic] por cuanto era doctor en teología.

Fuimos allá y ganamos las letras. Y, ganadas las letres, ve do veníamos con nuestros cabellos, con gran gozo y con gran alegría. Allí, entre Cuacos y Grandilla, hicimos una gran barraganía: acuchillóse un atafare a una borrica asno [sic]; quebramos siete costillas a un escarabajo y encerramos un lagarto en un horado. Encima de todo esto espantamos un venado.

Allí perdimos los oficios y los beneficios. Ahora todos andamos por mal cabo. [¿...?]

Anónimo (siglo XIV), *apud* Menéndez Pidal, R., *Poesía jugla-resca y orígenes de las literaturas románicas*, Madrid, 1957.

I I

(Una) monja medita dentro de su corazón cómo puede hacer creer (a tres amantes) que ella quiere a todos... Le pisa el pie al Caballero, mientras con su mirada halagüeña hace señal al Canónigo, el cual piensa enseguida que tiene ya ganado el partido. Después, fingida y livianamente, va a tirarle el hábito y pellizcar fuertemente a fray Bernat, el cual imagina que él también ha ganado el juego...

La monja primero le aparta al caballero diciéndole que si quiere darle placer que a la tarde venga allí y tendrá su deleite, que ella le acogerá en su lecho sin que él desconfíe de ello; pero que tendrá que entrar pasando por el agua que corre por debajo de la alcoba donde la alegre doncella suele reposar...

Ella quiere luego apartar al canónigo y le dice claramente y con pocas palabras que ella le quiere por encima de todo, y lo quiere demostrar. Que si él a la tarde querrá regresar allí ella le dejará entrar en su alcoba y dormirá en sus brazos...

Poco después la monja vuelve a ver a fray Bernat y le dice que tiene gran deseo de dormir con él también, ... Dice que dirá a las otras monjas que tiene mal al hígado, y que él venga luego vestido como médico y podrá entrar...

[Entonces yo y fray Bernat juntos pensamos en ir muy afanosos en busca de un traje de médico con que pudiese entrar en el convento. Un médico le hizo un gran favor prestándole uno de buena tela...].

Pero he aquí primero al canónigo que ha montado sobre una escala sobre un terrado del convento, en camisa solamente, mientras nevaba entre una brisa cruel y gran lluvia... El caballero entiende lo dicho por la monja como la pura verdad y llega allí cuidadosamente, se pone a desnudar, se mete en el agua hasta el pecho y espera las buenas nuevas que va a tener...

La monja conforta a fray Bernat y le da buena acogida, dándole además muchos confites y malvasía, pero le hace una gran falsedad con un letuario que suele tener en su armario como laxante, hasta que él piensa que va a lanzar el alma por la parte de atrás... El vientre le da tal pena y tal dolor que tiene que salir del dormitorio contra su gusto. [Yo, que vi el partido desbaratado y sin remedio, cuando la monja quería ya cerrar la puerta la retuve por la falda. Conseguí entrar y empecé a abrazarla estrechamente.]

... Las otras monjas se dan cuenta de fray Bernat, se levantan y le dan de bastonadas... Fray Bernat hace lo que puede para huirse y sale saltando por una ventana en el agua donde la monja hace todavía esperar al caballero; ... Mortal guerra se apareja, con gran alboroto. El caballero concluye que el fraile menor le ha hecho tanta deshonra, va a abrazar con él y le empieza a dar golpes horribles... [Yo estaba en la cama, mientras tanto, besándole a la monja.]

Después de poco tiempo he aquí al canónigo que estaba en terrado. Las monjas le han encontrado y quieren echarle fuera, empezando a sacudirle con grandes garrotes... Si no hubiese saltado a tiempo pienso que le habrían muerto... Cae en el agua justamente donde está pasando el debate entre el caballero y fray Bernat; aquél quiere ahogar a éste con todas sus fuerzas... [Pero yo estaba en el paraíso, desnudo con la monja.] Mientras tanto, el canónigo y el caballero se ponen de acuerdo que fray Bernat sea anegado sin piedad... Un alguacil se los lleva a todos los tres y los mete en cadenas hasta la mañana...

El alguacil, muy bravo y follón, quiere condenarle a fray Bernat a que esté puesto a la vergüenza y que se le unte la piel con mucha miel... Veréis venir un gran tropel de abejas que le aguijonan a maravilla por todas partes... [Pero yo estuve escondida en el convento por la monja, que me hizo servir igual que un rey.]

Francesc de la Vía, «Libre de fra Bernat, compost... per pendre solaç» (primer tercio del siglo xv), *A bella Venus. Libre de fra Bernat*, editado por Arseni Pacheco, Barcelona, 1909, 94-107.

III

Un caballero viejo tomó por mujer una moza la cual mucho amó. Cada noche cerraba él mismo las puertas de su casa y ponía las llaves debajo de su almohada de dormir. Acaeció que este caballero por ser viejo no contentaba a su mujer, así en el acto carnal como en las cosas que le menguaban, y por tanto la mujer amaba otro y cada noche tomaba las llaves, durmiendo su marido, y se iba a su enamorado. Y haciéndolo muchas veces, acaeció que un noche que se despertó el marido y hallola menos. Y fuese a la puerta, hallola abierta y cerrola por dentro. Y subió a los corredores altos de la casa y miró por una ventana hasta la plaza. Luego vino su mujer y hallando la puerta cerrada estaba triste. Empero tocó a la puerta y respondió el caballero:

—Mala mujer, muchas noches te he probado. Certifícote que de fuera quedarás.

Y dijo ella:

—Señor, soy estada llamada por una esclava de mi madre, que yace tan doliente que creo que no se levantará de esta enfermedad. Por ende os ruego que por amor de Dios me abráis.

Y él respondió:

—Por cierto no entrarás.

Ella oyendo esto, díjole:

—Señor, tú sabes que aquí cabe la puerta está un pozo, y si no me abres yo me echaré a él.

Y él dijo:

—Pluguiese a Dios que te echases.

Y dijo ella:

—Señor, pues así lo quieres, me lanzaré en él, mas primero quiero encomendar mi alma a Dios y a la Virgen María.

Dicho esto, llegose al pozo y lanzó dentro una gran piedra y escondióse cabe la puerta. El caballero, como oyó el golpe de la piedra, dijo:

—¡Guay de mí, que mi mujer se ha ahogado!

Y descendió luego y corrió al pozo. Y ella, estando escondida, como vio luego entró en casa y cerróla y subió a la ventana. Entretanto estuvo el caballero cabe el pozo llorando y diziendo:

—¡Oh desaventurado, que he perdido mi tan cara y amada mujer! ¡Maldita sea la hora en que cerré la puerta!

Y oyendo ella esto y burlándole dijo:

—¡Oh viejo maldito! ¿Cómo estás ahí a tal hora? ¿No te basta mi cuerpo? ¿Por qué vas cada noche de puta en puta y dejas mi cama?

Entonces vinieron los guardias y prendiéronle y castigáronle toda la noche en la prisión. Y en la mañana pusiéronle en la picota. Esto y otros muchos engaños usan las mujeres.

Anónimo. «Otro enxemplo...: cómo vn cauallero viejo tomó por muger vna moça», *apud* Alfonso Martínez de Toledo, *Libro... syn bautismo, sea por nombre llamado Arcipreste de Talauera donde quiera que fuere lleuado*, edición de Pérez Pastor, Madrid, 1901. [«Bibliófilos españoles», 35.]

I V

a)

Moraba en una aldea un labrador pobre que con mucha miseria pasaba su vida ganando de comer en llevar leña a vender a la ciudad con un asnillo que tenía. Y hallándola en extrema necesidad demandó consejo a su mujer de lo que hacer debía para remediar su miseria. Y como las mujeres de presto tienen aparejado el consejo, díjole:

—Marido, lo que a mí me parece que debéis hacer es que vendáis el puerco y los dineros que de él hubieres que los deis a comer al asno. Y después le llevéis a vender al mercado.

Oído por el labrador el consejo de la mujer túvolo por bueno y determinó de lo hacer así. Y hubo por el puerco seiscientos maravedís, y cambiólos todos en blancas y diólos a comer a su asno. Y llevolo a vender al mercado. Y luego llegaron dos mercaderes y demandáronle cuánto quería del asno, y el labrador demandó quinientos reales. Y los mercaderes visto el demasia-precio que el labrador demandó se comenzaron a reír. Pero con todo le demandaron qué era la causa, porque por un asno, y al parecer no muy bueno, demandaba tan demasiado precio. Y el labrador les respondió que no se debían maravillar porque aquel asno era de mayor excelencia que no los otros y no lo conocían todos. Y entonces con un palo que traía en la mano le comenzó de punchar y el asno comenzó de peer y cagar dineros. Y los mercaderes como lo vieron, maravillándose mucho de aquello, dijeron al labrador:

—Buen hombre, coge esos dineros que caga tu asno.

Respondió el labrador:

—No hago caso de ellos, que yo tengo hartos de los que cada día me ha cagado en casa. Entonces los mercaderes determinaron entre sí mismos de comprar el asno y dar por él todo lo que el labrador demandado había. Y así le dieron los quinientos reales que había demandado y llevaron el asno. Y el labrador con mucho placer se tornó a su casa y contó a su mujer lo que le había acontecido en la venta de su asno.

Muy alegres fueron los mercaderes con la compra de su asno y así se fueron a sus casas creyendo que llevaban un gran tesoro. E hicieron alimpiar y barrer muy bien un establo donde estuviese su asno, y cerraron muy bien con su llave, porque los dineros que cagase los pudiesen bien hallar y de otro ninguno no les fuesen tomados. Empero el asno no cagó sino de lo que había acostumbrado, porque no había comido más dineros de los que cagó en el mercado. Y como los mercaderes entraron a reconocer su asno y hallando lo que el asno había cagado tuviéronse por engañados y determi-naron de ir en casa del labrador por deshacer la compra.

* * *

b)

Empero el labrador considerando lo que había de ser pensó en otra nueva astucia para cuando ellos viniesen, lo cual hizo en la manera siguiente. Tenía el labrador dos conejos blancos que se criaban por casa, que era tal el uno como el otro. Y él tomó el uno para llevar consigo al campo. Y dijo a su mujer que si los mercaderes le viniesen a buscar que les dijese que en el campo le hallarían trabajando, y que ella aparejase luego un par de muy buenos capones y que los asase y un par de gallinas cocidas con un pedazo de tocino, que él se daría recaudo de lo que hacer debía. Y así se fue al campo y la mujer puso en orden lo que él le mandó con mucha diligencia. Y como él fue salido no tardó mucho que los mercaderes llegaron y demandaron por el labrador a su mujer, la cual les dijo que en el campo le hallarían. Y ellos fueron allá con mucha cuita y como le hallaron, dijéronle:

—Decid, buen hombre. ¿Por qué nos engañasteis con el asno que en nuestro poder no caga más dinero?

—Por mi fe, dijo el labrador, yo soy sin culpa porque mi mujer lo ha hecho con sus consejos. Pero vamos a casa y yo lo enmendaré todo muy bien, de manera que vosotros seáis contentos.

Y él tomó el conejo que había llevado y empezó de hablar con él delante de los mercaderes y díjole:

—Conejo, vete a casa y di a mi mujer que prestamente apareje muy bien de comer un par de capones asados y un par de gallinas cocidas con un pedazo de tocino.

Y así soltó el conejo, el cual se fue donde mejor le pareció. Y dende a poco el labrador con los mercaderes llegaron a casa y hallaron aparejado muy bien de comer según ellos habían visto que el labrador lo había enviado a mandar con el conejo. Y estando cenando vieron por allí el otro conejo que andaba por casa y pensaron que era el que el labrador había enviado del campo. Y dijeron que era bien que ellos hubiesen aquel conejo en todas maneras, por cuanto les parecía ser cosa muy provechosa para en los negocios de sus mercaderías:

—Por cuanto éste nos podrá llevar avisos y letras de cambio en Roma y otras partes donde bien nos esté.

Como ellos hubieron comido mostrando estar muy contentos rogaron al labrador que les vendiese el conejo y él, haciéndose algo dificultoso, les demandó por él mil reales. Y los mercaderes creyendo hacer muy buena compra le dieron todo lo que demandó por él y tomada su mercadería se fueron muy alegres para sus casas. Y por el camino iban pensando cómo podrían experimentar su conejo, y determinaron de le enviar a sus mujeres para que les tuviesen aparejado de cenar avisándoles que ellos serían con ellas aquella noche. Y así ellos enviaron el conejo, el cual se fue por el campo muy alegre como aquel que se veía suelto de la prisión. Y como ellos llegaron a sus casas demandaron a sus mujeres si les había avisado alguno de parte que les guisasen de cenar, y ellas respondieron que no. Entonces los mercaderes fueron muy airados contra el labrador porque así los había engañado con el asno y después con el conejo, y sin más se detener se tornaron para la casa del labrador, y como le vieron, dijéronle con alguna malenconía:

—Decid, buen hombre, ¿por qué nos habéis engañado y burlado tan malamente con el asno y con el conejo?

Respondió el labrador:

—Por mi fe, señores, la causa de esto ha sido mi mujer. Empero no

se me irá sin castigo que en vuestra presencia ella habrá merecido, de
manera que vosotros seréis contentos y al fin bien satisfechos.

* * *

c)

Como el labrador hubo vendido el conejo a los mercaderes, luego consi-
deró lo que le había de sobrevenir, y proveyó prestamente de haber una
tripa de carnero. E hinchóla de sangre y atola a la garganta de su mujer
debajo de las tocas.Y mostrando estar muy airado contra su mujer, en
presencia de los mercaderes, hizo como la degollaba con un cuchillo y cortó
la tripa que le había atado a la garganta, de manera que prestamente saltó
la sangre. Y la mujer cayó en tierra como muerta. Y como los mercaderes
vieron que el labrador, por causa de ellos, había muerto a su mujer, fueron
espantados y consideraron que si la justicia lo sabía que a ellos les podría
costar bien caro. Y estando ellos así muy pensativos y muy tristes, dijo
el labrador:
—Señores, no estéis alterados que si vosotros lo tenéis por bien por
haceros servicio, yo la tornaré viva.

Y los mercaderes dijeron que antes se lo agradecerían mucho y le perdo-
narían todo el enojo que contra él tenían. Entonces el labrador tomó una
trompeta que tenía colgada en la pared y comenzole de sonar al culo, y
luego la mujer se levantó buena y sana. Como los mercaderes vieron tal
milagro dijeron entre sí, secretamente:
—Nosotros habemos de haber esta trompeta cueste lo que costare.

Y no se curaron más del asno ni del conejo, porque hicieron cuenta que
con la trompeta se acabalarían de todo lo pasado resucitando muertos y
haciendo otros singulares actos. Acuciados los mercaderes de la virtud de
la trompeta y a lo que con ella podrían adquirir y ganar, rogaron al labrador que se la vendiese. Y él se empezó a excusar diciendo que muchas veces
con malenconía que había mataba a su mujer y que con aquella trompeta la
resucitaba como ya ellos habían visto. Pero al fin, rogado por los mercaderes,
se la vendió por mil y quinientos reales, a los cuales mercaderes pareció
haber hecho muy buena mercadería. Y así muy alegres se fueron para sus
casas. Y yendo por el camino pensaron entre sí en qué manera experimen-
terían su trompeta y, en fin, deliberaron que en llegando a sus casas dego-
llasen a sus mujeres. Y así lo pusieron por obra luego, que cada uno de
ellos degolló a su mujer y después les tañeron con la trompeta al culo. Pero
ellas no resucitaron, por la cual causa ellos se hallaron desesperados con
tantas burlas como del labrador habían recibido, y más de aquesta, porque
habían perdido sus mujeres y puesto a ellos y a sus haciendas en tanto peligro como por la justicia fuese sabida la muerte de sus mujeres.

* * *

d)

Y así ellos tornaron al labrador con intención de tomar venganza de él
de todo lo pasado. Y como le vieron arremetieron para él diciéndole palabras

injuriosas, y tomáronle y metiéronle en un costal y muy bien atado le llevaron para echarle en un gran río. Y como hubieron andado un poco con la mucha calor que hacía hubieron mucha sed y fueron a beber a una aldea que estaba algo apartada del camino y ataron su costal con el labrador dentro a un árbol, y dejáronle allí. Como los mercaderes fueron idos a beber el astucioso labrador comenzó a dar voces diciendo que no quería ser rey. Y un pastor que guardaba ganado, oyendo aquellas voces, fue a ver qué cosa era aquello y allegose cerca. Y visto como dentro en el costal estaba aquél que decía que no quería ser rey demandole qué era la causa por qué decía aquello, y cómo estaba allí metido. Y él respondió y dijo:

—Estos hombres me llevan por fuerza para hacerme rey y yo en ninguna manera lo quiero ser.

Entonces el pastor codioso de ser rey dijo que él lo sería de buena voluntad y le daría a él todo su ganado. Dijo el labrador:

—Pues desátame y saldré yo de este costal, y méterte has tú y atarte he en la manera que yo agora estoy y pensarán que eres tú el que ellos dejaron y así te harán rey.

Y el pastor con mucha diligencia desató al labrador y se metió él en el costal y el labrador le ató muy bien y dejándole allí se fue con el ganado muy alegre, porque tan bien había escapado de mano de los mercaderes. Y como los mercaderes tornaron tomaron el costal con el pastor, creyendo que llevaban al labrador su enemigo, y echáronle en un río muy hondo.

* * *

e)

Tornándose los mercaderes por el mismo camino toparon con el labrador que guardaba el ganado, de lo cual fueron muy espantados y maravillados, y dijéronle:

—¿Qué es esto, buen hombre? ¿Cómo estás aquí? ¿Nosotros no te echamos en el río?

Respondió el labrador:

—Sí hicistesis. Empero allí donde me echasteis hallé infinito tesoro, de lo cual tomé lo que quise y he comprado este ganado.

Y ellos le demandaron si había quedado más tesoro en el río.

Respondió el labrador que había tanto que era cosa increíble.

—Pues, dijeron los mercaderes, haznos tanto placer que en remuneración de tanto daño como nos has hecho que tú nos eches en aquel lugar donde está aquella riqueza y nosotros te perdonamos todas las injurias pasadas.

—Agora pues, dijo el labrador, buscad sendos costales y meteos dentro y yo ataros he bien y echaros he en el mismo lugar donde vostotros me echasteis a mí.

Y los mercaderes codiciosos con mucha diligencia trujieron los costales y se metieron dentro, y el labrador los ató muy bien a su voluntad y echolos en el río a pescar riquezas. Y desta manera el labrador, con sus astucias, se escapó de las manos de los mercaderes y quedó rico y señor de ganado.

Anónimo. «Cómo vn rústico labrador engañó a vnos mercaderes», editado por Joseph Gillet, *Revue hispanique*, 69 [1926].

V

[De este Santilario se lee en el *Tripas Patrum* ser un rústico vaquero llamado Santilario por ser gran saltador.] El cual, estando un día en un peñascal con grande dolor de las ingles, tendidas las espaldas en tierra y untándose el vientre e ijadas con manteca, con la frotación de la mano y calor del sol alzósele la verga. Y estando en esto fue caso que un diablo, que pasaba por allí a tentar un santo ermitaño, mirando desde una peña el camino que había de llevar, vio debajo de la peña Santilario de la manera que habéis oído. De lo cual muy gozoso dijo:

—Aquel bellaco villano está agora encendido en lujuria. Yo le saltaré en el vientre y le reventaré y llevaré su ánima.

Y dicho esto dio un gran salto sobre el pecador vaquero que bien descuidado estaba, y acertándole con los pies en el ombligo resbaláronse y fuese deslizando hasta que se hincó el miembro de Santilario por el culo. Lo cual sintiendo Santilario le apretó y tuvo firme, llamando a voces sus perros. Lo cual viendo el diablo y mirando su desastrado caso y sintiendo venir los perros ladrando, comenzó a dar grandes voces diciendo:

—¡Santilario, suelta!

El cual teniéndole recio con feroz voz respondía:

—¡Nunca, si el carajo no quiebra!

Y así le tuvo hasta le remojar y entonces le soltó. Y ya llegaban los perros cerca quando el diablo culiroto comenzó de huir, y los perros tras él hasta le encerrar en el infierno, adonde el triste se está remendando el culo hasta hoy, jurando que nunca ha de salir fuera por llevar provecho a su casa. Tan mala burla recibió.

«Fray Bugeo Montesino», «Carajicomedia», *Cancionero de obras de burlas provocantes a risa*, Valencia, 1519.

V I

El conde de Benavente... tenía unas tercianas muy recias... Un día de aquéllos, ... díjele:

—Querría que tomase vuestra señoría una ayuda.

Díjome:

—Yo tomaré la ayuda, más ha de ser con ciertas condiciones. Primeramente, el cañutillo ha de ser nuevo, ... Lo segundo, es que me la eche María Rodríguez, ... y ha de venir perfumada, ... Lo tercero, es que yo me tengo de poner sobre las rodillas y sobre las manos a manera de perro, y a los pies de la cama donde yo estuviera han de estar dos hachas encendidas en dos blandones, porque la dicha doña no diga: No lo vi, sí lo vi.

Se puso de la misma que él había dicho, que no vale nada pintarle de palabras, porque su postura con aquel aparato de las hachas nos hizo salir más que de paso a la sala reventando de risa. Entonces (María Rodríguez) comenzó a embocar el cañutillo, y como la plata con los licores calientes arde luego más que ellos mismos, hizo dar un salto al conde con todos los cuatro pies, ... La mujer tornó al oficio y al primer apretón que dio rompió la vejiga y derramose un piélago de suciedad por las piernas con todo aquel término redondo. Ella, como vio el mal recaudo, abajó su cabeza y toda turbada y descabellada botó por la puerta afuera.

El conde quedó del todo desamparado y preguntó a la mujer si había acabado, ... Como vio que la mujer no respondía echó la mano atrás para alimpiarse con la media sábana y, hundiéndose la mano en la piscina, sacola tan sucia que se espantó de ella, y por no llegar la mano a la cama alzola en alto y quedó en tres pies no más. Contemple ahora vuestra señoría el falso visaje que la quedaría, ... y dos hachas encendidas junto con él.

Al cabo el su contador viejo entró por la puerta de la sala, ... y como éste vio la casa toda despoblada espantose. Allegó a la cámara y asomose a la puerta, y viendo aquella visión con las hachas dizque se le enerizaron los cabellos y echó a huir con muy horrible miedo... Preguntole el conde:

—¿Qué pensabais cuando echasteis a huir?

Dice:

—Pensé que estaba con vosotros el diablo que os venía a llevar. Y eso que teníais descubierto pensé que era la boca del infierno...

López de Villalobos, Francisco: «Los problemas de Villalobos», *Curiosidades bibliográficas*, editado por Adolfo de Castro, Madrid, reimpreso 1919. [Biblioteca de autores españoles, 36.]

VII

... Era una judía vieja de noventa años y tenía dos nueras, mujeres burlonas, y venían a su suegra cada mañana y decían:

—¡Buenos días, señora!

Y respondió ella:

—Vosotras tenéis los buenos días y habéis las buenas noches.

Y como ellas veían esta respuesta siempre, dijeron a sus maridos:

—Vuestra madre se quiere casar.

Decían ellos:

—¿Cómo es posible?

Decían ellas:

—Casadla y verlo heis que no dice que no.

Fueron y casáronla con un judío viejo y médico. ¿Qué hicieron las nueras? Rogaron al judío que no la cabalgase dos noches. El hízolo así, que toda la noche no hizo sino contarle sus deudas que tenía. Vinieron las nueras otro día y dijo le vieja:

—¿Qué quiero hacer de este viejo, que no es bueno sino para comer, y tiene más deudas que no dineros, y será menester que me destruya a mí y a mis hijos?

Fueron las nueras al judío y dijéronle que hiciese aquella noche lo que pudiese. Y él, como era viejo, caminó y pasó tres colchones. Viniendo la mañana, vienan las nueras y dicen a la suegra:

—¡Señora, albricias!, que vuestros hijos os quieren quitar este judío, pues que tanto debe.

Respondió la vieja:

—Mirad, hijas. La vejez es causa de la sordedad, que yo no oigo bien. ¡Que le deben a él que le deben!, que él no debe nada.

Delicado, Francisco: *Retrato de la Loçana andaluza en lengua española muy claríssima* (1528), facsímil, Valencia, 1950.

VIII

(El buldero) tomó una cruz que traía de poco más de un palmo y en un brasero de lumbre que encima del altar había, el cual habían traído para calentarse las manos, púsose detrás del misal sin que nadie mirase en ello. Y allí sin decir nada puso la cruz encima la lumbre. Y, bien envuelta la cruz en la mano derecha y en la otra la bula, se bajó hasta le postrera grada del altar, adonde hizo que besaba la cruz e hizo señal que viniesen a adorer la cruz.

Y el primero que llegó, que era un alcalde viejo, aunque él le dio a besar la cruz bien delicadamente, se abrasó los rostros y se quitó presto afuera. Visto por mi amo, dijo:

—¡Milagro!

Y ansí hicieron otros siete u ocho, y a todos les decía:

—¡Paso, señores! ¡Milagro!

Cuando él vio que los rostriquemados bastaban para testigos del milagro no la quiso dar más a besar, diciendo que por la poca caridad que había en ellos había Dios permitido aquel milagro, y que aquella cruz había de ser llevada a la santa iglesia mayor.

Fue tanta la prisa que hubo en el tomar de la bula; creo de cierto que se tomaron más de tres mil.

Después al partir él fue con gran reverencia a tomar la santa cruz. Diciendo que la había de engastonar en oro. Fue rogado mucho del concejo y clérigos del lugar les dejase allí aquella santa cruz para memoria del milagro. Al fin, rogado de todos, se la dejó. Con que le dieron otra cruz vieja que tenían, antigua, de plata que podrá pesar dos o tres libras.

Anónimo: *La vida de Lazarillo de Tormes y de sus fortunas y aduersidades*, editado por Alfredo Cavaliere, Nápoles, Giannini, 1955.

IX

a)

... Pues un colegial de éstos que aquí digo / era mozo gallardo bien dispuesto, / de las hermosas damas era amigo, / aunque era tenido por honesto, / mas hallándose entre ellas sin testigo / no les era enfadoso ni molesto. / ... Su enfermedad antigua no olvidando / vio este buen colegial una hermosa, / y de ella el gran valor considerando / con justísima causa se enamora, / ...

Ya estando la señora más tratable / le suplica el galán que hasta el día / le tenga alguna noche compañía. / ... Y así la bella dama le responde, / que lo hará mas que no sabe adónde. / ... Respondió el colegial que no temiese / hacerle aquel favor por esta vía / que porque ningún riesgo sucediese / la llave del colegio tomaría / y luego como el cielo escureciese / allí a la puerta él propio aguardaría / ...

Vino la dama a la hora del concierto, / en traje de gentil estudiante, / y sin que fuese a nadie descubierto, / entró hasta la celda del amante / ... Sacó el buen colegial a la señora / la colación que tiene aparejada; / ruégale no le pene por ahora / quedarse allí en el lecho y encerrada, / que ha de ir a la cena antes de una hora, / mas será muy en breve su tornada / ... En tanto de un armario que allí estaba / junto a la cabecera de la cama / él saca agua de olor y rociaba / con ella a la amorosa y bella dama / ... Esta redoma a su lugar tornada / sacó otra más pequeña redomilla / de excelente agua de ángeles preciada / ... La señora que estuvo por pedirla / mas al armario en fin dejó tornarla / teniendo firme intento de hurtarla. / ...

Fue pues el colegial donde cenaban / y en medio de la cena de repente / a uno de los otros que allí estaban / lo derribó un dolor incontinente / que ya todos por muerto lo juzgaban / ... Los ojos casi en blanco los volvía / y la boca sacaba de sus quicios; / ... Al fin por estas muestras imaginan / si estaba el triste enfermo espiritado / ... Con esto andaban todos tan medrosos / que en el colegio en todos los rincones / ... les parece que veían mil visiones. / ... Todo el colegio estaba de tal suerte / que cuanto allí se trata es pura muerte. /

La dama que en la celda reposaba / que ya un pequeño espacio había dormido / con esta turbación que allí soñaba / ... despierta sin saber adónde estaba. / ... Viéndose a oscuras encerrada y sola / quiso volver de nuevo a rociarse. / Sacó la bella mano y extendiola / pensando del armario sin errarse / sacar la redomilla, mas errola / y acertó a tomar otra muy distinta / que no es de agua de olor mas es de tinta. / ... Después la mano al rostro levantando / pensando que era el agua rociose / cabeza, pecho y rostro y refriose. /

... Quedando ya el enfermo más quieto, / a su celda volvía el triste amante / ... Su celda abrió con gran secreto; / miró hacia la cama y al instante / vio un rostro a oscuras hecho y disforme / ... En viéndola pensó que ella era / ilusión del demonio y falsa trama / que por más engañarle se viniera / en figura hermosa de su dama, / ... y sin osar llegar hacia la cama / huye con gran pavor mil voces dando, / el colegio de nuevo alborotando / ... Ninguno de los otros lo entendieron / si no fue un su vecino paredaño; / el dio orden que nadie lo sintiese / y a su casa la dama se volviese. / Hallose el triste amante muy burlado / de ver salir en vano su alegría. / Teme que ha de ser esto publicado; / viendo que por la tinta no querría / la ropa recibir quien la ha prestado / el precio por justicia le pedía. / Y en pena de su yerro y desvarío / pagola el triste amante de vacío.

* * *

b)

En una ciudad noble de Castilla / moraba un batihoja, el cual tenía / una mujer hermosa a maravilla / que Justina por nombre se decía. / ... Fue siempre por su gracia y hermosura / de los más principales festajada / ... Pues sucedió que vio a la dama bella / un mercader mancebo y extranjero / ... y por servir a la dama y gozar de ella / quiso tentar la fuerza del dinero, / ... Viendo que de esta suerte no podía / hallar remedio a su dolor extraño, / determina tentar por otra vía, / haciendo a su Justina algún engaño. / ...

Conoce el mercader muy claramente / la bondad de la dama y su firmeza, / y que el oro y cualquier mejor presente / no bastan a hacer mella en su entereza. / ...

Tiene el galán una esclava vieja, / gran palabrera y truhana fina / ... y ella sin más rodeos apareja / para llevar a casa de Justina / un canastillo lleno de mil flores, / de las más olorosas y mejores. / ... Finge que de las monjas es sirviente / y con deseo que tiene de agradarle / le envía la abadesa aquel presente, / y dice que también envía a rogarle / que del oro más fino y excelente / una libra no más quiera enviarle, / porque quería probar si concordaba / una obra importante que labraba. / ...

Con esto se apartó la vieja esclava, / su primera entrada muy contenta, / y el batihoja se subió donde estaba / su mujer recogida y le dio cuenta / del provecho y ganancia que esperaba, / y el cestico de flores le presenta. / ... Y así viendo las flores a deshoras / entró Justina en este pensamiento / y dijo que sin duda holgaría / de ir a estar con las monjas algún día. / ...

En tanto, pues, que el oro se escogía / la esclava se llegó a la dama bella, / y con grandes caricias le decía / que las monjas deseaban mucho verla / ... Que antes de mucho tienen una fiesta / que es en su religión la más solemne, / y una junta de damas muy honesta / a celebrar allí cada año vienen. / ... Justina y su marido no dudaron / otorgar lo que pide aquella esclava, / ... La esclava se volvió con gran contento / a su señor que estaba congojado, / esperando sentencia a su tormento ; / le cuenta lo que deja concertado. / Alegre el mercader se determina / a buscarlas que le traigan a Justina. /

Fue a cas de unas mujeres donde sobra / no oro mas gravedad y luengos dones / que le suelen labrar y hacer obra / cuando entienden hacer sus cargazones, / ... El mercader quedó de proveerlas / de convenientes ropas alquiladas, / y cuando llegó el plazo todas ellas / fueron luego a su casa aderezadas, / unas en propio traje de doncellas, / otras como en viudez autorizadas, / ... fingiendo ser las esperadas damas. / Viendo su autoridad el buen marido, / que nadie entiende de sus falsas tramas, mandole a su mujer con alegría / que con ellas se vaya en compañía / ... De esta arte poco a poco discurriendo / llegaron a la casa do vivía / el mercader y allí se detuvieron / ...

En esta casa grande que aquí vemos / vive doña Leonor la desposada / ... Dice que les suplica su señora / que sin ella de allí no quieran irse, / antes suban arriba pues hay hora / an tanto que ella acaba de vestirse. / Entran y suben todas a la hora / sin una de la otra dividirse / hasta

llegar conforme su concierto / adonde el mercader está encubierto / ... Y
a la Justina sola la dejaron / que todas eso mismo pretendieron, / y luego
como sola fue dejada / el mercader salió de la celada. / Muy bien conoce
al mercader Justina, / y en viéndole entendió toda la cosa. / Hallándose
en tal parte la mezquina / necesidad la hizo ser piadosa; / ... afable se
mostró la bella dama / al amante en la mesa y en la cama. /

En gran silencio el pueblo ya dormía / cuando a la medianoche de repente / al mercader la casa se le ardía, / ... Toda la vecindad se ha
convocado / y a casa del mercader encaminaban. / Y el primero que vino
fue el jurado / de aquella colación donde moraba, / ... Por excusar que
nada le robasen / al triste mercader que esté dormido, / mandó toda la
gente se ocupase / en apagar el fuego ya encendido / y sin que allá con él
ninguno entrase / a lo alto de la casa se ha subido, / do fue a dar consigo
en otro fuego / que le causa mayor desasosiego. / La causa fue que aquel
jurado / era el más importuno y ciego amante, / que de Justina en poco
fue estimado / ... Vio que salían de él aquel instante / Justina y su galán
despavoridos / de verse en aquel trance destruidos. / Atónito el jurado en
ver su dama, / ... agora la blasfema y le desama, / y quiere como adúltera
que muera. / Y luego sin que nadie allí la viese / mandó con gran furor
que presa fuese. / ... Y también en el pecho se le sienta / que esta maldad
no pudo haber efecto / sin que el ruin marido lo consienta. / ... El jurado
acordó que sin respeto / sea ella y su marido castigados / por dar venganza
a tantos agraviados. /

... No se durmió la astuta y vieja esclava / en dar remedio en tales
turbaciones; / antes una gran cesta aparejaba... / A la cárcel se fue con
todo ello / y rogó blendamente al carcelero / ... Entró pues do Justina
presa estaba, / y trocando con ella su vestido / ... de esta arte de la cárcel
ha salido / y en su lugar quedó la buena esclava / hasta que fue bien
amanecido / y está ya en pie y vestido el buen jurado / ... Fuese al corregidor con agonía; / hízole relación de todo el cuento. / ... Era el corregidor prudente y viejo, / y respondió que en tan grave caso / no es bien
determinarse sin consejo...; / llama pues a cabildo y en un punto / todo
el ayuntamiento fue allí junto. / ... Mando que allí se traiga la culpada / y,
por guiar el hecho más honesto, / que la saquen y traigan atapada. / Y
así la esclava sin mostrar el gesto / en medio del cabildo fue llevada. /
... Todo el cabildo a voces atronaba; mandan que fuese al punto descu-
bierta. / ... Entonces fue la cosa más incierta / que vieron claramente ser
la esclava, ... / y vino a convertirse todo en risa. / Piensan que amor y
celo han engañado / y humo al buen jurado que creyese / ser ésta la que
trae en su cuidado, / y mandan a la esclava que se fuese. / ... Y ella supo
ordenar como volviese / Justina sana y salva a su marido, / que nada de
estas cosas se ha sentido. /

* * *

c)

[Dicen que en cierto pueblo de esta tierra / hubo un mozo gentil de
noble suelo / ... mas el amor, ponzoña de la tierra, / ... en su pecho encendió una fiera llama, / dándole a ver el rostro de una dama. / ... La dama,

aunque muy claro ya entendía / lo que tan claro andaba y tan sonado, / ninguna cuenta del galán hacía, / con lo cual encendía su cuidado. / ... Y siéndole al amante a par de muerte / perder el alto grado y humillarse, / acuerda otro remedio muy más fuerte, / que fue perder la tierra, y desterrarse, / ... y como por manera de vengarse / determinó de escribir yerros de damas, / que hubiesen hecho en daño de sus famas. / ... Y para que su intento sea notado, / y luego en todas partes se entendiese, / en un cuaderno un gran libro ha entechado, / como si para alguna iglesia fuese. / No le lleva secreto ni liado / sino públicamente que se viese / sobre un gran repostero descubierto, / unas veces cerrado, otras abierto. / ... Llevaba algún consuelo ya el amante; / tiénelo por señal de buena andanza / en ver que su venganza va adelante / y de seguirla más tiene esperanza.]

... Y entró en una ciudad y a una ventana / vio una dama hermosa y muy galana. / Como el amante vio el hermoso gesto / comiénzalo a mirar con maravilla, / y así ella echó de ver en él repuesto, / ... y entre sí comenzó a decir:

—¿Qué es esto? / ... Debe de ser falto de juicio sano, / pues va así con el libro tan ufano. /

... Para que del todo se informase / una moza llamó en quien se fiaba: / ...

—¿No ves, le dice, aquél del herreruelo? / ... Tú has de ir tras él siguiéndole en un vuelo. / ... Te informarás muy bien de su criado / quién sea y de qué tierra, y qué le mueva / a traer el gran libro que allí lleva. /

No fue tonta ni sorda la criada; / ... supo todo el negocio por entero. / ... Y como aquéllo oyó la burladora / en gran risa y gracia la ha caído. / Dícele que vuelva allá a la hora: / ...

—Dile que estoy muriendo por hablarle, / ... y por ventura le daré que escriba / ... más que cuanto en el libro tiene escrito. /

La moza, que por dicha ya sabía / ir a Alcalá por natural camino, / volvió al galán con su mensajería, / al cual le pareció gran desatino, / mas viendo cuántas salvas le hacía, / con la astuta mozuela al fin se vino / ... Diversos pensamientos le venían / cuando la casa y su valor miraba, / ... dudando si la moza por burlarlo / andaba procurando de engañarlo. / Estando pues dudoso en estos medios / ... a la señora vio que con los dedos / le estaba haciendo señas que llegase / ... la dama de la mano le ha trabado, / ... y junto a sí le hace que se asiente. /

Apenas se sentó el galán pulido / cuando se sintió en la casa puerta / gran gente de a caballo y gran ruido, / como que llega a la segunda puerta. /

—¡Ay, le dice la dama, mi marido / es que viene de caza! ¡Yo soy muerta! / ... Paréceme, señor, que bien que en tanto / que se nos va haciendo hora de la cena, / dentro de esta arca os encerréis y cuanto / toca al salir perded cuidado y pena. /

Entró, pues, en el arca el buen amante. / La señora cerró y echó la llave, / y luego que la echó llegó al instante / el marido que nada de esto sabe. / ... Sálele a recibir con buen semblante la dama, y con regalo muy suave / ... pregunta si le fue bien en la caza.

—Muy bien me fue, responde el buen marido, / ... mas a un gran año a mí me ha parecido / este día con gran deseo de veros / ...

—Pues por mi fe, responde la señora, / ... nunca jamás, señor, menos que ahora / quisiera veros yo en este aposento. / Antes yo os juro que de buena gana / holgara que viniérades mañana. / Y si tenéis codicia de entenderlo / un poco sobre esta arca nos sentemos, / ... mas antes que tratemos algo en ello / una apuesta conviene que apostemos, / la cual ha de perder el que nombrare / cosa de hierro en cuanto se hablare. /

—Siempre fuisteis donosa y chocarrera, / le responde el marido, esta locura / no ha sido de las vuestras la primera. /

La dama sin oírle más le jura / que en cuanto ha dicho la sido verdadera, / y le será grandísima tristura / ... si no otorga y concede aquella apuesta. / Y tan dulcemente dice lo que quiere / que al fin quedó la apuesta confirmada / ... Sentándose pues en el arca bien cerrada, / ... la dama comenzó desta manera: /

—... El fiero amor guio para mi daño / por allí un caminante muy extraño. / ... Confieso que me había ya dispuesto / para tomar con él mi pasatiempo, / y estando yo tratando en sólo aquesto / vinisteis vos, señor, al mejor tiempo. / ... No penséis que el galán se os haya ido; / ... aquí dentro en esta arca está metido. /

—... ¡Dadme la llave!, dice el buen marido. /

Riendo le responde la zagala: /

—¡Ha, mi señor, pagadme lo apostado! / Perdido habéis; en hierro habéis tocado. /

... El se dio por vencido en la apuesta, / y a la dama rogó no le tuviese / en burlas, pues la mesa estaba puesta / ... y se holgaría ya de haber cenado. / ... Se fueron de la sala al cenadero / y la moza llama la cual sabe / todo el secreto de esto por entero / y muy en puridad le da la llave, / mándale que vaya a abrir al caballero, / y que le lleve en salvo hasta la puerta / y del pasado riesgo allí le advierta. / Y mandole también que le avisase, / si no se quiere ver de allí adelante / en otro tal peligro, se guardase / de ser injurioso y cruel amante, / y que en yerros de damas no tocase, / mas siempre en su loor escriba y cante. /

* * *

d)

Contar quiero los celos y la pena / de un pintor que por librarse de ellos / el fin vino a tener la frente llena. / ... Estaba aquel pintor muy bien casado / porque tenía mujer a su contento / hermosa y no parlera demasiado. / ... A así la amaba el triste de manera / que una hora estar sin ella no pedía, / Mas como... el pobre pintor forzado fuese / de ir a hacer un retablo a cierta parte / ... a su mujer volvió muy congojoso / ... La dijo amargamente sollozando: /

—... Pues sabe que la causa de este lloro / es porque soy forzado a hacer ausencia / ... y así querría yo, pues mi partida / ha de ser de mañana, de tu mano / una merced me fuese concedida, / ... para que yo no tema allá de nada / en tu cuerpo me dejes señalarte, / y la señal será sólo pintarte / en tu cuerpo un cordero. Dime ahora / tu parecer, que no querría enojarte. /

... Y habiéndose ella misma descubierto, / el pintor prosiguió con su pintura, / pintando en prado vivo animal muerto, / de un pequeño cordero la figura / en el medio del vientre atravesada, / y al óleo la pintó por más segura. / Y la cabeza púsole inclinada, / como que del hambre estimulado / quiere pacer la hierba delicada. / ... Al punto se partió muy consolado. /

Mas no fueron tres días concluidos / que de un oficial que en casa estaba / la dama sintió blandos los oídos. / ... Atrevióse a decirle su dolencia, / y supo negociar tan bien con ella / que salió vencedor con la sentencia. / ... Halló el nuevo amador apercibido / el pecho femenino y fácilmente / con dos manos en él fue recibido. / Mas como le incurría inconveniente / del corderito puesto por testigo, / le dijo que muy poco el caso hacía. / Borrarle pues pintarle podría luego / otro tal como aquel que ella tenía. /

... Al punto le admitía luego la dama / ... y así como la noche hacía oscura / luego con sus amores se acortaba. / Mas duróle muy poco esta dulzura, / que cuando más su gusto precio andaba / un mensajero vino del marido / que una jornada atrás dijo quedaba. / ... La dama pidió triste a su querido / que volviese a pintarla otro cordero / en el mismo lugar donde el borrado, / tal que no discrepase del primero. /

El cual no sé si acaso descuidado / o por malicia la señal trocando, / con cuernos lo pintó tan bien sacado / que, el uno con el otro cotejando, / el mismo que antes era parecía. / ... Pues como fue llegado ya el marido / ... rogóle que a su cámara se entrase, / que aunque de su lealtad él no dudaba / quería el corderito le mostrase. / Ella respondió que se espantaba / de la poca confianza que de ella tenía; / ... se echó mano a las faldas y enojada / se arregazó y dijo que acabase. / El marido miraba y contemplaba; / ... dijo que al que pintó le parecía, / salvo que cuernos no le había pintado, / ni al cordero tenerlos convenía. / Mas ella respondió, siendo pasado / un año y más que el triste era cordero, / ... no es mucho que le haya hecho carnero, / que creciendo cuerpo iba en mi cuerpo / como crece en el árbol el letrero. /

El pintor su desgracia conociendo, / y que disimular era más bueno, / los argumentos de ella concediendo / hizo del esforzado y muy sereno. / ...

Tamariz, Licenciado: *Novelas y cuentos en verso*, editado por Antonio Rodríguez-Moñino, Valencia, 1956 [Duque y marqués, 8].

X

[Francisco de Fenollet] tenía amores con una hermosa cortesana aragonesa que se decía Herediana. Y pensando estar solo en esta baja que danzaba, supo que un mercader genovés, nombrado micer Maltevollo, tenía amores con ella. Y don Francisco quísola dejar y no pudo de muy herediano. Quedó don Francisco con este concierto que Herediana no diese más de una hora al día a Maltevollo y si más se detenía y no se quería ir de casa, salía don Francisco amortajado con una mortaja de tela negra diciendo:

—¡Guarda la sombra! ¡Guarda la sombra!

Y Herediana decía:

—¡Idos! ¡Idos, Maltevollo! Que ya viene la sombra de mi padre del otro mundo, que me quiere matar porque sea buena.

Y no queriendo irse Maltevollo, por comer una buena cena que se había hecho traer, salió otra vez la sombra diciendo:

—¡Vete, Maltevollo!

Y él decía:

—*Prima vollo manjar.*

Y él que no y el otro que sí, y abrazáronse los dos y rodaron la escalera abajo. Maltevollo huyó con la cabeza quebrada y don Francisco cerró la puerta y comióse la cena de Maltevollo. Y quedó de esta caída cojo de reputación, y por esto le dicen las damas don Francisco Sombra, que sombra es quien de bajos amores se asombra.

> Milán, Luis: *Libro intitulado el cortesano,* editado por F. Ramírez de Arellano, marqués de la Fuensanta del Valle, y José Sancho Rayón, Madrid, 1871. [Colección de Libros Españoles Raros y Curiosos, 7.]

X I

Acaeció una burla algo pesada en Saelices de los Gallegos. ... Fue el caso que acaeció pocos días ha que un recuero traía para Salamanca una cantonera, la cual, como le faltase el dinero para pagar el porte, ofreció al recuero en pago del portazgo que ella lo acompañaría cada noche...

Llegó un huésped portugués por nombre Ruy de Melo, *homem muito grande fidalgo,* el cual, como viese la mujer, contentóse tanto de ella que le prometió un ducado si se acostaba con él aquella noche. Lo cual ella aceptó, concertando de secreto primero con el recuero que si algo se le antojase que acudiese a las dos horas de la noche a la cama, que ella dejaría la puerta de la cámara abierta y se acostaría en la delantera de la cama, y que allí podría llegar en silencio sin ser sentido de Ruy de Melo y hablarla y volverse a su cama.

Pues yéndose a acostar con este concierto la mujer, quiso tomar la delantera de la cama, lo cual Ruy de Melo no consintió por más que la honrada señora lo porfió. Antes dijo:

—*Aos fidalgos como eu compete defender a dianteira das damas e receber os primeiros encontros.*

Y así se acostó en la delantera... Se durmió y quedó... frontero de la puerta. El recuero..., creyéndose que era la dama delantera de la cama..., sin más esperar se abrazó con el portugués, poniendo en efecto el oficio, o por mejor decir, la licencia de Mahoma. El portugués despertó... y saltó de la cama como puerco jabalí y buscó la espada...

El recuero, conociendo el engaño, acogióse presto a su cama... [Ruy de Melo] andaba entre los recueros con la espada en la mano preguntándoles:

—¿Cuál de vosotros me *cabalgou?*

... El actor del crimen... respondió:

—Lo acaecido fue por yerro y por engaño.

Y así el que salió de su cama sin hacer más del afrentado se volvió a ella, enojado en ver que un escudero de garrote, que nunca cabalgó sino en mulo sardinero, hubiese subido en caballo tan indómito como el envés de su espinazo.

[Atribuido a] Hurtado de Mendoza, Diego: «Glosas al Sermón de Aljubarrota». *Sales españolas*, editado por Antonio Paz y Melia, Madrid, 1964. [Biblioteca de Autores Españoles, 176.]

X I I

Un sacristán entonado / y enamorado, / que pretendía ser cura / por su ventura, / con una su feligresa / llamada Teresa, / mujer de Pedro Vicente, / siervo pasciente, / mozuela de buen recado / y buen fregado, / muy diestra en tañer un pandero / muy placentero, / con toquillas amarillas / y sus plantillas / y sayuela con ribete / y su marbete, / plantuflilla colorada / achinelada, / para polvo y para lodo / y para todo, / y no anda melindrosa / ¡oh qué donosa! / contarles quiero una cosa / maravillosa, / que el pobre del sacristán / amartelado / andaba tan desvelado / y desvalido / y tan fuera de sentido / que no sabía / qué era lo que se tenía [¿tañía?] / ni cantaba, / y el amor que le aquejaba / enhorabuena / hizo publicar su pena / y su congoja. /

La dama, que no se enoja, / le llamó / y a su casa lo llevó / la traidora. / Sucedió que en aquella hora / que el marido / Pero Vicente era ido / al mercado. / Comenzó el desventurado / a rogalla / que aceptase la batalla / del amor, / y ella, que entendió la flor / le dijo que estaba / muy cierta a lo que mandaba, / dándole él / cien reales para un joyel / que había pedido / sin saberlo su marido. / Y el cuitado, / que estaba sin un cornado, / le decía / que a la tarde se los daría, / que no se perdiese / ocasión por interese / tan pequeño, / que él daba su fe y empeño / de ser cierto. /

Y ella en verle medio muerto / pidióle una prenda, / y él se quitó la sotana / que traía / a modo de saboyana / y se la dio. / Y la dama la tomó / y a buen recado, / y lo que demás ha pasado / no me entremeto, / porque fue con gran secreto. /

Mas lo que pasa / es que se volvió a su casa / el sonsorrión / en calzas y en jubón / y sin balandrán. / ¡Balandrán, balandrán / y qué balandrán / amor le hace perder! / Las vísperas y maystines [*sic*] / amor le hace parecer / maestro de matachines; / danzante de procesión / parece el buen sacristán / en calcitas y en jubón, / y sin balandrán. /

Mas hallándose el cuitado / despojado, / y que de la sacristía / salir no podía, / aguardó buena ocasión / el sonsorrión / que estuviese el Pero Vicente, / siervo pasciente, / un día sentado a la mesa / con su Teresa. / Había el sacristán artero / hurtado un mortero / y de prieda [*sic*] a su Teresa / ¡oh qué pieza! / envió un mozo a su casa / —Nota lo que pasa— / con su mortero en la mano / y muy ufano / y a Teresa se lo dio / y dijo ansí: /

—Señora, catad aquí / vuestro mortero sano y entero, / aquel balandrán me deis / que acá tenéis. /

Quedó de esto la casada / muy turbada, / y el Pero Vicente reñía / y le decía / que era grande desatino / tomar a un vecino / prenda cualquiera que fuese / sin más interese / a haber prestado un mortero, / que luego sin más contienda / se vuelva su prenda. / Y luego la buena Teresa / se alzó de la mesa / sacando el balandrán / del sacristán / al criado se lo dio / y le avisó / que a su amo le avisase / y notificase / que otro día no daría / ni prestaría / el mortero para majar / al regular. /

Y el marido decía / que sí daría / y sí prestaría, / que por él viniese / hasta que se la quebrase / y que de él se aprovechase. / Y ansí el bueno del sacristán, / por ser astuto y artero, / y haber hurtado un mortero / ha cobrado su balandrán. /

Anónimo. Aqui se cõtiẽe dos obras d'exẽplo... Lleua tãbien vn gracioso chiste de vn Sacristan q̃ le passo con vna martelada suya. ¿Sevilla?, 1597. [Houghton Library.]

XIII

Quiñones andaba picado de una mozuela. Habiendo dado dos o tres vueltas por la calle, [dijo] que había de entretenerse por allí hasta que ella le viese o se asomase a la ventana. Arrimóse en pie a la misma esquina de la casa [de ella]. Caía sobre ella una azotea y entre unas macetas estaba en el mismo pretil una calabaza romana. Un hombre rubio, no sé si padre si hermano de la moza, alzó con ambas manos la calabaza y dejóla caer a plomo desde arriba, y al punto se retiró para que no le viesen. La calabaza debía de estar podrida por debajo porque, cayendo perpendicularmente sobre la cabeza de Quiñones, se la encajó hasta los hombros como si fuera un morrión. Daba saltos de acá para acullá para arrojar de la cabeza la negra calabaza. Ya se habían juntado no sé cuántos. Fuimos todos a sacarle de aquel capacete la cabeza. Si tarda este socorro un credo el hombre se ahoga dentro, porque mientras estuvo dentro de ella no fue posible respirar. Volvió en sí. Acostámosle sobre una cama medio muerto.

Se habían juntado en remolino más de cincuenta personas y en medio [estaba] la calabaza en el suelo. Un viejo carpintero decía a voces:

—¡Dios milagrosamente lo ha enviado este castigo del cielo!

No hubo menester oír más que esto un fraile bacinilla cuando, abrazándose con la calabaza, se subió sobre un pino que estaba tendido en la calle y comenzó a dar gritos:

—¡Cristianos, no es esta calabaza como las otras calabazas! ¡Dios de su mano la ha enviado para castigo de este pecador! ¡Miradla como reliquia y temblad de los juicios divinos! De aquí me quiero ir derecho a casa de un platero devoto de mi orden que me guarnezca esta gloriosa calabaza.

Una vieja salió diciendo a voces:

—¡Ay, padre de mi alma, déme tantica de esta reliquia de calabaza!

Por tener parte en la bendita calabaza unos sobre otros dan con nuestro fraile en el suelo. A puñadas arrebató cada uno de ella lo que pudo. El fraile salió a cabo de rato pateado y sin la bacinilla, que con la imagen y con todo el dinero que había en ella no pareció viva ni muerta.

Anónimo: «Los mirones». «El hospital de los podridos» y otros entremeses, alguna vez atribuidos a Cervantes, editado por Dámaso Alonso, Madrid, Aguirre, 1936.

X I V

a)

Había un clérigo anciano... a quien por mal nombre llamaban el Cura Burlón, porque con el buen humor que gastaba se entretenía lo más de la semana en hacer burlas a unos y a otros; pero particularmente con el sacristán del pueblo, que también era criado suyo. Tenía por estilo acudir a meterle el dedo en la boca todas las veces que la abría para bostezar... Y todas las veces que el cura acudía a ponerle el dedo en la boca le arrojaba el sacristán una dentellada para cogérselo, pero nunca pudo.

Un día... tomó Bartolo (que ansí se llamaba el mozo) el candelero, y estando alumbrando a su amo, como ya era hora de dormir, un bostezo se le iba y otro se le venía, abriendo tanta boca como un lagarto. El viejo burlón... coge de presto una vela de sebo... y con el mesmo ademán que solía acometer con el dedo se le metió por la boca... Hizo presa con grandes ansias en la pobre vela, de manera que la dentellada le llegó hasta el hueso, que es el pabilo... No hacía sino escupir y estragarse los dientes con un paño.

Tenía por costumbre el viejo burlón de levantarse casi cada noche de la cama al servicio. Y el ofendido Bartolo... la noche siguiente, cuando la sacaba a la calle para limpiarle como solía, le puso toda la redondez esmaltada con el esmalte más fino que en su profundo se pudo hallar... El viejo... tuvo necesidad de levantarse... Halló el traidor bote y, levantando la cortina de su cimborrio, reclinóse Su Merced muy a su gusto, o por mejor decir, muy a gusto de su criado... La margen del dicho [servicio], como tan lleno de cotas, le imprimió y le señaló un círculo en el orbe del suyo... Se tornó a levantar... Acordó de certificarse con su propia mano, tentando con ella sus embalsamadas carnes... Afligido de verse a escuras y embargada la mano, quiso sacudirse los dedos... Se dio un tan gran porrazo contra la pared en los artejos que, lastimado del golpe, acudió luego con los dedos a la boca... De manos a boca se llevó de acarreo otra tanta cera de trigo como sebo de vela en la boca de Bartolo la noche pasada, de modo que los dedos de su criado no pudo alcanzar a morderle limpios, se los vino él mismo a morder no limpios.

b)

Un día de fiesta... halló que el buen Bartolo estaba tendido y durmiendo sobre un arquetón de sacristía. Y con toda sotileza, sin despertarle, le fue desatando la cinta con que tenía los zarafuelles atacados... Se volvió a salir el viejo de la sacristía como que tenía que hacer en la iglesia, que ya estaba llena de gente que aguardaba la misa... Bartolo... salió corriendo de la sacristía y, como los señores zarafuelles no tenían cinta que los sustentase, determinaron de dejarse caer de su estado delante de toda la gente.

El domingo siguiente... hizo que se le había perdido la llave de la sacristía... Como la sacristía estaba cerrada fue necesario vestirse el cura a un lado del mismo altar mayor delante de la gente. Y es de advertir que... en todo el verano el cura viejo jamás traía zarafuelles... Ayudóla pues a vestir... Bartolo, y al tiempo que le ponía el alba (¡nota esto!) tuvo cuidado el tacaño de prender dos o tres alfileres en la parte trasera del alba... de tal manera que los alfileres prendían el alba, la sotanilla y la camisa juntamente... En acabando su misa —para comenzar su miseria— comiénzase a desnudar sobre el mismo altar mayor, a la vista de toda la gente, y al punto de quitarse el alba... levantólo todo junto, dejando al aire la portapaz... Y pensando que tirando bien el alba se tornaría a caer la sotana, tiró cuanto pudo hacia arriba, de modo que hizo demostración posteriorística... Quedó Bartolo muy contento.

c)

El licenciado Escobar... era hombre de tan buena alma y de tan mal cuerpo que siempre le sobraba la devoción y le faltaba la salud. Este tenía un vientre y un mozo muy mal mandados, porque el uno y el otro hacían sus haciendas de muy mala gana y rezongando... Un día tuvo necesidad... que le recetase el médico una ayuda, y en ordenándola, se la recomendaron a Lope (que ansí se llamaba el criado). Trújose de la botica... y poniéndola el dicho Lope en un puchero, la arrimó a la lumbre de la cocina. Y es de saber que estaba también a la lumbre otro pucherillo en que se habían guardado un poco de caldo para un villano que servía en casa...

Subióse Lope con su amo, que estaba en la cama, entretanto que el cocimiento se calentaba en la cocina. A esta sazón llegó el villano del monte con su carga de leña y... se vino derecho a la cocina a cenar su escudilla de sopas como solía... Estaba ignorante de la diferencia de los dos pucheros que estaban juntos, entendiendo que todos eran de un manjar, como cartas de flux.

Trastornó sobre la escudilla de sopas el puchero del cocimiento... Con ansias del hambre montesa que traía no conoció tan presto lo que hacía ni lo que había de padecer... Fuéronle poco a poco sus mismas tripas notificando que el dicho caldo no había de haber entrado por aquella parte, sino por el postigo viejo del señor Racionero... Le sobrevino tan grande muchedumbre de arcadas y revoluciones de vientre que... empieza a salirle por la boca una procesión de sopas boticarias...

Lleguémonos a la cocina donde estaba Lope con su jeringa en mano, que había bajado por el cocimiento... Viendo, pues, a la lumbre el puchero solo... acude con su jeringa y, entendiendo que cogía con ella el cocimiento que el médico recetó, cogió el caldo que estaba para cenar el triste leñador...

Recibió el devoto Racionero la ración de potaje del villano, cosa nueva y nunca oída... Hizo su asiento y morada en las devotas tripas del preste para siempre jamás...

Empiézase a levantar una triste música de llantos entre el villano y el Racionero... de lo cual fue tan grande la risa que le dio al bellaco de Lopillo que, no pudiendo sufrir su amo, le dijo:

—Ponme aquí ese servicio y procuraré echar este caldo que tengo en el cuerpo, para que vayas luego a dar de cenar a ese hombre, que está con necesidad.

Dicen que el pertinaz caldo no quiso venir a su servicio, sino estarse en Su Merced.

> Hidalgo, Gaspar Lucas: *Dialogos de apacible entretenimiento, qve contiene vnas carnestolendas de Castilla. Diuidido en las tres noches, del domingo, lunes y martes de antruexo*, Barcelona, 1609, Hieronymo Margarit. [Houghton Library.]

X V

[En Valladolid famosa, / tan rica de ciudadanos / cuanto llena de edificios / que fueron al mundo espanto, / allí vivía un arriero / que se llama Juan Prados, / de estos que ganan vida / trajinando con sus machos. / Tenía una propiedad / que cuanto subía a caballo / se santiguaba diciendo: /

—Líbreme Dios del diablo, / de enemigos y ladrones, / de rodeos y peñascos, / de traiciones y maldades, / de cuestas y de barrancos. /

Y con estas bendiciones / caminaba confiado / que no tendría questiones, / pesadumbres ni trabajos. / La mujer tuvo gran cuenta, / muchos días escuchando. / Díjole:

—Marido mío, / cuando vais a santiguaros / ¿por qué no pedís a Dios / que os defienda de las manos / de las mujeres, pues somos / más astutas que diablos. / Huye el diablo de la cruz, / el enemigo del lazo, / de una escopeta el ladrón / de las cuestas rodeando, / mas de las mujeres cruces, / lazos, escopetas, arcos / no bastan para librar el hombre de sus engaños. /

Juan Padros se disculpó / diciendo: /

—No os dé cuidado, / Juana Gutiérrez, aqueso, / que por muchos hombres valgo. / No me dan pena mujeres, / que ya conozco sus tratos, / y sé que no habrá ninguno / que me toque en el zapato. / Soy zahorí con las viejas, / con las viudas apidario [*sic*] / con las doncellas Macías, / con las taimadas taimado; / hago recetas a muchas, / fingiendo ser boticario; / sin ser médico las curo / con palabras, yerbas, cantos. / No soy de estos arrierillos / que llevan a real de cuatro / la arroba hasta Madrid, / porque ya soy jubilado / y así no me acuerdo de ellas / cuando mis jornadas hago, / porque todos me conocen / y saben que soy Juan Prados.]

Auséntase y la mujer / juró por vida de entrambos / que «me la habéis de pagar / antes que se acabe el año». / Llamó a una parienta suya / y diole parte del caso. / Ambas de conformidad / solemne burla trazaron. / Hicieron para la vuelta, / porque volvió cansado, / aderezar una cena / como para un veinticuatro: / mucho pernil de tocino, / diferencias de adobados, / chorizo de Extremadura, / jamón de Rota extremado, / aceitunas sevillanas, / nueces de la Fuente del Arco, / ensalada italiana, / salchichón italiano, / mil diferencias de cosas / ajenas del ordinario, / todo muy apetitoso / para brindar y echar trago: / vino tinto de Zamora, / de Alaejos vino blanco, / haciendo mixtura de ello / para sólo derribarlo. /

Llegó la noche y en ella / Juan Prados bien fatigado, / del camino tan

sediento / cuanto hambriento él y sus machos. / Juana Gutiérrez salió /
y echole al cuello los brazos, díjole dos mil requiebros, / diole de cenar
temprano. / Sentose luego a la mesa / que puesta estaba en el patio, / y
pidiendo de beber / no hubo descuido en darlo. / Sentía fuerza en el
vino / y cuando lo pedía aguado / en lugar de agua le daban / vino blanco
de tres años. / Comió poderosamente; / obró tanto lo salado / que un
tudesco parecía / según daba prisa al jarro. / Llegó el calor a su punto; /
diole el vino tal zarpazo / que con los ojos alegres / hacía tornasoleados. /
Miraba el cielo y hacía: /

—¿No veis? ¡Qué de hombres armados! / ¡Bajad! ¡Dadme acá mis
armas, / Juan Gutiérrez, que aguardo! /

Hacía una mona alegre, / que era donaire escucharlo. / Veía de un
candil diez luces / de un tejado diez tejados. / Levantose de la mesa; /
tomó una vara en la mano, / poniéndose de postura / como esgrimidor
taimado. / Daba lección a su sombra, / diciendo:

—Tira ese tajo. / Saca afuera el pie derecho. / Entra de revés tirando /
estocada uñas arriba. / Revuélvela uñas abajo / cuchillada de mandoble. /
Mete el pie izquierdo. Da un salto. / Entra con furia. Revuelve. / Bueno,
dale a tu contrario. / Hiere el pecho descubierto. / Asienta. Venga ese
cuatro. /

Cansado ya de esgrimir / dio con su cuerpo un porrazo, / y con él
vido más luces / que el Día de Todos los Santos. / Cual de pies, cual de
cabeza, / las mujeres le raparon / las barbas y los bigotes, / y en la cabeza
un pedazo. / Una corona le hicieron / como fraile de San Pablo, / y hecho
tenían a punto / de la misma orden un hábito. / Vistiéronlo y parecía /
un reverendo frailazo, / y entre las dos lo subieron / encima de un macho
pardo. / Dieron con él extramuros, / junto al Espíritu Santo, / y dejáronle
sujeto / a las escarchas del campo. / Las mujeres muy risueñas / volvieron
y se acostaron, / y el triste la fría noche / la sentía tanto cuanto. /

Cerca de la madrugada / con el frío demasiado / el vino perdió su
fuerza, / por ser tan grandes contrarios, / y el buen «padre» poco a poco /
las barbas se iba tentando, / diciendo:

—¡Válgame Dios! / ¿Qué es esto? ¿No soy Juan Prados? / Como no
tengo bigotes / ¿quién las barbas me ha rapado? / ¿No soy yo arriero ya? /
Pero no soy, pues me hallo / con estos hábitos puestos. / Dios ha hecho
algún milagro, / y es sin duda que me quiere / para convertir paganos. /
Pero no sé leer latín / ni rezar en breviario / ¿Qué tengo de convertir? /
Dios me adestrará. ¿Qué aguardo? /

Levantose muy confuso, / ya que el día estaba claro, / y vido que a
mucha prisa / venía un fraile descalzo. / Llegado el descalzo dijo: /

—¡Deo gratias, padre honrado! /

Dijo Juan Prados:

—Deo gratias. / Padre mío, ¿adónde vamos? /

Respondió el padre y dijo: /

—Hacia Simancas me aparto / a decir misa mañana, / por ser Día de
San Marcos, / y me holgaría infinito, / si es predicador, que entrambos /
hiciésemos el oficio. /

Juan Prados dijo: Sí, vamos. / Iba él descalzo contento. / Decía:

—Padre, en pedricando [sic] / vuesa reverencia el cura / nos dará dos mil regalos. /

Viéndose de aquelle suerte / Juan Prados iba turbado. / No sabía qué hacerse, / siempre entre sí vacilando. / Y llegados a Simancas / el cura regocijado / al nuevo predicador / lo recibió entre sus brazos. / Diéronle una librería / adonde estudiase un rato. / Tañeron luego al sermón; / la campana hacían pedazos. / Juan Prados viendo los libros / a todos los fue hojeando, / maldiciendo su fortuna; / ni leer sabe ni ha estudiado. / Volvía otra vez confuso. / Decía:

—¡Si estoy encantado! / ¿El arriero yo no soy? / Estoy durmiendo o velando. /

Cenó, y sin mirar más letra / se acostó desesperado / en una cama curiosa / hecha de dos mil regalos. / Durmió como un descosido, / vestido y puestos los hábitos, / que es ordinario de arrieros / acostarse con zapatos. / Despertole la campana, / que daba grandes golpazos, / clamoreando al sermón. / Dijo la misa el descalzo; / luego el arriero tomó / breviario en la mano, / dejando burlado el pueblo. / Se salió de él paso a paso. / Acabado el Evangelio, / toda la gente esperando, / el buen padre los dejó / sin sermón y sin breviario. / Sintiéronlo mucho todos / y la burla celebraron. /

Juan Prados, en siendo noche, / en Valladolid se ha entrado. / Fuese derecho a su casa; / dijo «¡La mujer!» voceando. / Se asomó Juana Gutiérrez, / y dijo:

—¿Quién ha llamado? / ¿Quién está ahí?

El responde: /

—Abrid, mujer, que yo llamo. /

—¡Fraile en mi casa! ¡Deo gracias! / Váyase, padre Bigardo, / que si llamo a mi marido / haré que le dé cien palos. /

—¡Mujer, que Juan Prados soy! / ¡Abridme, que soy Juan Pardos! /

Respondió Juana Gutiérrez: /

—Mire; arrojárele un canto / que le suma la capilla / juntamente con los cascos. /

Dijo el marido: /

—Señora, / juro a tal que no os engaño. / Juan Prados soy y por señas. / Tengo un lunar en el brazo. /

No pudo tener la risa, / viendo cuento tan galano, / y así le abrieron la puerta / y entró el padre fray Fulano. / Todavía pensativo / entró, sentose y cenaron, / y por postre de la cena / le contaron todo el caso, / diciéndole que mirase / eran las mujeres diablos / para santiguarse de ellas / cuando subiese a caballo, / que huyese de sus marañas, / que no se alabase tanto, / que si quiere una mujer / hará de un diablo cuatro. / Santiguándose el arriero / quedó confuso y turbado, / haciéndose ya más cruces / que hicieron al Monte Santo. /

b)

Estuvo dentro en casa / mientras las barbas brotaron / quince días, en los cuales / sucedió un cuento salado. / Una boda hubo cerca / de su casa a cuatro pasos. / Fue allá Juana Gutiérrez / con otras que la llamaron. / Entre tres músicos que hubo / sus sentidos la robaron / las gracias de un estudiante / diestro que cantaba el bajo. / Enamorada de aquesto / vino a su casa alabando / a su marido tal gracia, / voz, discreción, boca y labios. / Juan Prados se despidió / y dijo:

—¡Por Dios sagrado! Que en el cuerno de la luna / me quieren poner mis hados. /

La mujer le repetía / mil donaires hasta tanto / que le persuadió al marido / lo trajiese convidado. / Dijo el marido:

—Mujer, / muy descuidados estamos. / Quédese para otro día, / que quiero ir mañana al campo. / Prevenidme aquesa alforja. /

Ella ordena todo claro, / solícita y presurosa, / que el amor la iba turbando. / Salió el marido de casa / y apartó aparte al criado, / y le dijo:

—Tú has de hacer / un hecho como un romano. / En Valladolid me quedo / y te daré diez ducados / si sabes guardar secreto / y hacer como leal y honrado. / Tú me tienes de decir / todos aquellos recaudos / que mi mujer te mandare, / y en el alzar te aguardo. /

El criado prometiole / de hacerlo como leal y honrado. / Despidiéronse y el mozo / vino a casa, y en entrando / le dijo Juan Gutiérrez: /

—Amigo, corre volando / y dale aqueste presente / al estudiante Fulano. / Dirasle luego en saliendo / que yo le beso las manos, / y que para cierto intento / dentro de mi casa le aguardo. /

Salió el mozo con gran prisa; / fuese derecho a su amo, / contándole de su ama / el presente y el recado. / Tomolo el marido y dijo: /

—Di que en su casa en entrando / le hablaste y que respondió / que estaba confuso en algo / por no poderla servir / como merece su trato, / que ahora no puede ser / que «a cierta música vamos. Pero que mañana voy, / aunque me siento cansado, / a cierta fiesta a Simancas; / que en el Espíritu Santo / me guarde con que almorcemos, / porque estaremos cansados, / y que sea entre dos luces». / Ve y hace como hidalgo. /

Era el mozo socarrón, / y dando parte del caso / a su ama, comenzó / a prevenir el canasto. / Mató una gruesa gallina; / hizo rellenar un ganso; / afeitose aquella noche; / vistióse toda de raso. /

Juan Prados se aderezó / con sotana y manto largo; / llevó debajo el manteo / un garrote de tres palmos. / Fue primero a la estacada / aguardando a su contraria, / la cual llegó muy alegre / y, a cabo de poco rato, / viendo el galán se llegó / haciéndole mil regalos, / a quien el marido astuto / recibió con dos mil palos. / Meneóle las costillas, / diciendo, los ojos bajos: /

—¿Acudía vuestro marido / que buscar tres pies al gato? / ¡Noramala para vos! / No os den músicos cuidado, / y otra vez así no os vengan / deseos desordenados. /

Entendió era el estudiante; / estaba toda temblando, / a cuyos golpes se vido / Juana Gutiérrez sin mando. / Fuese a acostar a su casa; / mandó llamar cirujanos. / Otro día su marido / vino muy dismulado; / preguntó por su mujer; / a ella le dio un sobresalto. / Al fin el marido alegre / la hizo curar despacio. / Sintiéndose ella ya sana, / dijo el marido extremado: /

—Ahora es tiempo, mujer, / que aquel músico traigamos / a comer a nuestra casa. /

Dijo ella:

—¡Ay, mi Juan Prados! / Por un solo Dios no venga, / que me moriré de espanto. / No le traigáis a mi casa. / Dejadlo, amigo, dejadlo, / que ya me enfada su nombre, / y me ha enfadado su trato. /

El marido porfió / y con ella pudo tanto / que dijo que lo trajese, / con cuatro cientos diablos. / El músico vivía cerca; / Juan Prados fue a convidarlo. / Quedó aceptado el convite; / rogole fuese temprano, / que se llenase un hisopo, / de agua bendita mojado, / porque estaba endemoniada / su mujer desde el verano. / Fue y halló la mesa puesta / y aderezados los platos. / Juana Gutiérrez sentose / bien sentida de los palos. /

Sentáronse por su orden / todos tres y comenzaron / a comer con regocijo. / Juana Gutiérrez temblando / de cuando en cuando ponía / un ceño de cinco palmos / al dómine, a quien mostraba / una cara de ahorcado. / Entre sí le estaba hablando, / jurándosela en la frente / con dedos, ojos y manos. /

Acaso faltó en la mesa / maliciosamente un vaso. / Daba Juan Prados mil voces; / no respondía el criado. / Colérico levantose / a buscarlo y entre tanto / se alzó Juana Gutiérrez, / puestos los brazos en arco. / Levantose de puntillas / hacia el triste convidado, / diciendo:

—¡Cómo, infame / traidor, arrogante, falso, / de las mujeres honradas / hacen burla hombres honrados. / ¡Vive Dios que os he de hacer! / Estaba el triste temblando, / y la mujer arrojole / hacia la cabeza un plato. /

Sacó el dómine un hisopo / y al diablo conjurando / echaba agua bendita, / la pared hisopeando. / Lastimábase de verla: / ella le arrojaba cantos. / Santiguábala dos veces; / contrito y atribulado / el *asperges* repetía, / diciendo *Te Deum laudamus*. / Decía:

—¡Jesús, señora, / confesad vuestros pecados! /

Vídose tan perseguido / que bajó por la escalera / con mayor furia que un gamo. / Juana Gutiérrez siguiólo / y él triste, atemorizado, / se fue quejoso a su casa / sin culpa, hambriento y turbado. / Juan Prados atentamente / lo estaba todo escuchando. / Lleno de risa salió, / menudeando los pasos, / con una risa falsa, / mil remoques apuntando, / le dijo:

—¿Qué hay, mi señora? / ¿Tan malo era el convidado? / ¿Tratola mal algún día / como tan mal lo ha tratado? / Diole algunos palos diga. / Advierta quien dio los palos / fui yo. No se escandalice, / que pienso darle otros tantos, / que mujer que se enamora, / teniendo marido honrado, / pena semejante es poca, / ni estar en un cadahalso. / También la burla al marido / con hábitos de San Pablo, / aunque yo arriero sea, / no le ha sido bien contado. /

Diole por aquesta burla, / con un rodrigón tostado, / media docena de muertos / que la abrieron los costados. / Ella le pidió perdón / por los enojos pasados. / Juan Prados la perdonó / y fueron buenos casados. / *Laus Deo.*

Medina, Francisco de: *Cuento muy gracioso que sucedió a vn arriero con su muger, y fue q̃ porque no se santiguaua de las mugeres, quando yua fuera, su misma muger le hizo vna burla, dãdole vn mal rato, auiendole primero embriagado, y rapado la barua toda, y hechole la corona. Y de vna vengãça que tomó el marido de su muger por la burla que dél hizo,* s.l., 1603. [British Museum.]

X V I

[Nació Antonico de Tévar / en las riberas de Júcar, / en una aldea pequeña, / propia morada de brujas. / Nació de padres humildes, / envuelto en pobreza mucha; / desdicha y necesidad / con él nacieron a una. / Aun no tenía tres años / cuando le sigue fortuna: / murió su padre y su madre, / cada cual de calentura. / Quedó huérfano el cuitado, / padeciendo desventura / con su abuela de cien años / que le dio su pobre ayuda. / Antón tenía siete años / cuando fue a la sepultura / la abuela que lo criaba. / Quedó el triste casi a oscuras; / por Dios pedía en las puertas / como huérfano criatura / hasta que tuvo doce años, / que ya vergüenza le ocupa. / Decíanle los de su tierra: /

—Muchacho, busca ventura. / Salte de aquí; busca un amo, / porque creo que no es cordura, / siendo sano de tus brazos, / que con limosna te acudan. /

Tomando Antón el consejo, / dar una vuelta procura / adonde pase su vida / buscando sus aventuras. / Fue la vuelta de la Mancha, / tierra abundante y segura. / En entrando en Albacete / una noche muy oscura / fue a un mesón donde halló / un hombre vendiendo hechuras. / El muchacho entró con él; / hicieron una escritura / que le serviría seis años. / Muy bien que así Antón lo jura. / Para Murcia caminaron; / alegrose Antón sin duda / de ver aquella ciudad, / sus jardines, sus frescuras, / con tantas leguas de huerta / que riega el río Segura, / donde se cría la seda / que así a nuestra España ilustra. / Así estuvo Antón tres años / vendiendo aquellas figuras / que su buen amo pintaba, / viviendo a sus anchuras. /

Cuando tuvo quince años / quiso probar más ventura. / Huyose de con su amo, / viéndole en cierta estrechura / retraído en una iglesia / donde prenderlo procuran. / Fuese y vido a Cartagena, / su gran puerto y hermosura, / do las galeras se acogen, / las naves están seguras / de la fortuna del mar / que la ciera [*sic*] hace dos puntas. / Agradole a Antón la tierra. / Dijo:

—Yo creo sin duda / que es ésta la gran ciudad / que cuentan las escrituras / que tuvo cien mil vecinos, / siendo sus grandezas muchas. / Esta es la que fundó Teucro, / cual lo muestran las figuras, / medallas y antigüedades / halladas en sepulturas. /

Estando Antón contemplando / estas y otras cosas muchas / oyó decir:

—¡Las galeras / vienen! ¡Al muelle se acudan! /

Fue Antón a los baluartes / donde todos ir procuran; / vio las galeras de España / que asomaban por las puntas / con banderas, gallardetes, / cajas, pífanos, mil músicas, / que los diestros ministriles / a tal tiempo hacer procuran. / Las genovesas galeras / vienen con aquestas juntas; / las de Nápoles las siguen; / las de Sicilia le ayudan, / dando una gallarda

vista / a las humanas criaturas. / Disparan su artillería; / parece que el
mar se hunda. / Responden los baluartes; / Cautor, Gomera asegunda. /
Dispara el fuerte castillo / las piezas de sus alturas: / el serpentín, la
diablesa, / culebrinas de gran furia. / Hízose una honrada salva, / cual
pide la coyuntura. / Quedó Antón embelesado, / teniendo la lengua
muda, / viendo una cosa no vista, / que aunque la ve pone duda. / Vio
echar esquifes al agua, / y saltar con grande bulla; / y capitanes y soldados / salir a tierra procuran. / Diole gran deseo a Antón / de gozar
tal coyuntura; / quiso seguir la milicia / que las honras asegura, / y como
nuevo no osaba, / ni sabía a quién acuda / que le dé ración y sueldo /
en semejante aventura. / Vio un paje de un capitán / que llevaba un arma
aguda, / valón y ropilla verde, / medalla, garsotas, plumas. / Llegó Antón
y habló al paje / de esta suerte y compostura: /

—Si los hombres por saber / suelen salir de sus tierras / gustan de padecer / hambres, cansancios en guerras / para tener y valer; / si eterni-
zando su fama / un ilustre caballero / con la sangre que derrama / con
armas de limpio acero / más honor que vida ama; / si de muy pobre un
soldado / con cansancio desigual / en las guerras empleado / alcanza a ser
general, / en gran punto levantado, / yo que soy un gusanillo / con un
deseo gigante, / tanto que no sé decirlo / quiero pasar adelante, / no haciendo a mí un portillo. / Yo que la orden no sé / suplícoos que me di-
gáis / de qué manera podré / ir a la guerra do vais. / ¿Cómo soldado en-
traré? /

Al paje le pareció / estas razones de Antón / muy bien a lo que mostró,
/ y asina le respondió: /

—Venís a buena ocasión, / que a mi amo se le ha ido / otro paje que
tenía, / y serás bien recibido. / Servid, que por esta vía / muchos buenos
han servido. / Luego os dará una librea / como la que a mí me veis, /
y podrá ser mejor sea, / y con él no perderéis / nada como bueno os vea. /
Es mi amo capitán, / y de cuatro compañías / de cabo el nombre le dan. /
Sin aguardar más porfías / venid, y saldréis de afán.

El pajecillo habló / a su amo y de este modo / Antón en casa quedó, /
adonde bien aprendió / a ser bellaco del todo. / En breve aprendió a jugar, / que es ordinario en soldados, / y tal prisa se fue a dar / que en los
naipes y en los dados / otros podía enseñar. / El capitán se fiaba / de Antón porque, sin ofensa, / que era muy fiel pensaba, / y el cargo de la des-
pensa / y su dinero le daba. / Al principio le acudió / con fiel y buena
cuenta; / muy honrado se mostró, / mas el juego lo metió / un día en
grande afrenta. / El que fuere jugador / si crédito alguno tiene / lo ha de
perder, y su honor, / que es un vicio tan traidor / que mil maldades sos-
tiene.]

Diole el capitán a Antón / veinte reales un día / que gastase en conclusión, / porque huéspedes tenía, / en gallinas y un capón. / Tomando
Antón el dinero, / yendo su caza a buscar, / vio jugar en un tablero. /
Asentóse a jugar / do lo perdió todo entero. / Cuando lo hubo perdido /
salióse desesperado, / de todo punto aborrido, / que este es el pago que
ha dado / el juego a quien lo ha seguido. / No sabía qué se hacer / porque delante su amo / era imposible volver / sin llevar para comer / gallinas,

capón o pavo. / Estando en su pensamiento, / repasando casi en vano / aquestas cosas que cuento, / vio venir un aldeano, / de que recibió contento. / El aldeano traía / cuatro gallinas hermosas / y un capón en compañía, / y por la calle decía: /

—¿Quién me compra aquestas cosas? /

Antón dijo:

—Yo haré / que estas gallinas sean mías. / Al villano engañaré, / y creo por estas vías / mis trampas remediaré. / Los dineros que he perdido / éste los ha de pagar, / que a coyuntura ha venido. / Ocasión se me ha ofrecido / para poderlo engañar. /

Antón a él se llegó / y en justos veinte reales / gallinas, capón compró / y consigo lo llevó / por las calles principales. / Fuese a la carnicería / y vio cómo el carnicero / muy grande prisa tenía. / Allí su bellaquería / pensó Antón y un hecho fiero. / Y díjole al labrador:

—El que carne está cortando / criado es de mi señor, / y os dará vuestro valor / de esto que os estoy comprando. / Aguardadle. Iré a hablar / y de aquí vos no os mudéis, / que luego os los haré dar / en plata si vos queréis, / y habrá menos que contar. /

Las gallinas y el capón / debajo de su capote / las tomó el buen Antón / y vio de aquesta ocasión / que será bien que se note. / Habló quedo al carnicero; / díjole:

—Aquel labrador / lo envía un gran caballero, / que es don Luis mi señor. / Le daréis de buen carnero. / El quiere veinte reales; / dádselos sin detener / de piernas muy principales / (que piernas me han de valer / para librarme hoy de males). /

El carnicero entendió / que de carne los quería. / De esta suerte respondió: /

—Aguarda, hermano, que yo / os los daré sin porfía. /

Respondióle el labrador: /

—Miren que veinte han de ser, / veinte reales, señor, / y treinta si es menester / os daré, no hayáis temor. /

—Despacharé a aquesta gente, / el carnicero le dijo, / y luego a vos diligente. / Aguardad, no seáis prolijo; / sed aquí un poco prudente. /

Dijo Antón al labrador: /

—Mira qué bien pagará / aquéste por mi señor. / Adiós, amigo, queda, / pues que tenéis pagador. /

Fuese Antón muy diligente; / las gallinas se llevó / y el capón por lo siguiente. / Al labrador inocente / bien burlado lo dejó. / El labrador aguardaba / que su dinero le diese / el que la carne cortaba, / y como un rato estubiese, / de esta suerte le hablaba: /

—Si me habéis de dar, señor, / recaudo que estoy perdido, / me haréis grande favor: / en cuartos será mejor / si plata no habéis tenido. /

Respondióle el carnicero: /

—Dos cuartos de buenas piernas / hay para ese caballero. / Pesárselas he, que son tiernas. / Aparejadme el dinero. /

—Yo piernas no he menester, / el labrador replicó. / En mis manos ha de ver / lo que se me prometió. / No me queráis detener. / Dadme los veinte reales, / pues que me los prometisteis, / y no me dobléis mis males, /

que no ha mucho el sí me disteis / de pagármelos cabales. / Que bien sé
sois pagador / de su amo de aquel paje. / No me detengáis, señor, / que
me enciendo de coraje. / No burléis del labrador. /

Respondióle el carnicero: /

—Si fiada la queréis, / daros la carne no quiero, / que vos no me cono-
céis / ni os conozco, compañero. / El paje dijo que os diese / veinte reales
pesados / de carne mejor que hubiese, / porque su amo comiese, / que
tenía convidados. / Yo dije que me placía / que aguardásedes un poco /
que buena carne os daría. / Lo demás, si venís loco, / no entiendo vuestra
porfía. / Si buena carne queréis / estoy presto de os la dar / como el dinero me deis. / Mas yo, ¿qué os he de pagar, / si nada dado me habéis? /

El aldeano rabiaba / de ver que lo había burlado / quien las gallinas
llevaba, / y de esta suerte hablaba: /

—Oídme, señor honrado. / Que aquel paje me compró / las gallinas
que traía / donde estáis me llevó. / Y de veras me juró / de vos pagado
sería. / Vos me dijisteis que sí; / yo se las dejé llevar / las gallinas que
vendí. / Pagármelas heis aquí, / que no estoy para burlar. /

—Si al villano han engañado, / le replicó el carnicero, / quedaráse bien
burlado / si me vende algún ganado, / darle dinero al grosero. / Que si le
dije que sí / entendí que carne era / la que me pedía a mí. / Como le digo
a cualquiera: / «Yo os daré. Aguardad ahí.» /

Arremetió el labrador / adonde el dinero estaba / que tenía el cortador, / y con muy grande furor / de la caja mano echaba: /

—Habéis de darme el dinero, / que nunca he sido burlado, / ni que me
burléis vos quiero, / que entiendo estáis concertado / con el pajecillo artero. /

El cortador defendía / su caja, y ambos a dos / estaban en gran porfía.
/ Un alguacil que venía / dijo: /

—¿A qué causa, y por Dios, / por qué es aquesta questión? / Los dos
presos habéis de ir. / Contadme la conclusión, / porque no habéis de re-
ñir / aunque tengáis ocasión. / Que pues el alcalde está / para averiguar
pendencia, / ante él se averiguará / y allí se me pagará / mis costas y diligencia. /

Presos a los dos llevó / y al alcalde le contaron, / y de la burla que
usó / el paje la celebraron. / Mandó el alcalde mayor / que pues los dos
engañados / eran por un mismo autor, / y por ser mal declarados / se les
fue con su sudor; / que entrambos a dos pagasen / la cantidad por igual /
y que cuestión no trabasen; / y que otro día mirasen / no les sucediese
tal. / El carnicero pagó / diez reales al villano, / el cual otros diez perdió /
y a su aldea se partió, / dándole al pleito de mano. / El carnicero juraba,
/ y el villano iba jurando / si el pajecillo encontraba / cada cual lo desea-
ba / para verse en él vengado. /

El bueno de Antón llevó / las gallinas y al capón, / y su comida cum-
plió / y su trampa remedió / con la dicha invención. /

[Cuatro días ya pasados / Antón se puso a jugar. / En una calle alo-
jados, / pensó estaban olvidados / aquellos que fuera a burlar. / Y como
suelen decir: / cualquier hombre que mal obra / seguro no ha de dormir, /

porque el que enemigos cobra / cordura es de ellos huir. / Antón seguro jugaba / porque entendió que dormían / los que agraviados dejaba, / mas su fortuna ordenaba / que ambos a dos lo seguían. / Llegaron a una ocasión / y cada cual de su brazo / asieron al buen Antón. / Dijeron sin embarazo : /

—No intentaréis más traición. /

El aldeano habló. / Dijo :

—Traidor, me engañaste / lo que nadie me engañó. / Mis gallinas me llevaste ; la mitad se me perdió. / Porque tu traición se note / y tu gran sutilidad / has de pagar el escote. / Y así le quito el capote / para hacerse pagar. /

El carnicero le dijo : /

—Ladrón más que mil ladrones, / en hurtos tan astuto y fijo, / para darlos a su hijo / le quito a Antón los valones. / Bien valen los diez reales / que me hiciste pagar. / Desleal si hay desleales, / porque se aumenten tus males / asina te has de quedar. /

Diéronle al bueno de Antón, / cual sus tratos merecían, / mucho palo y pescozón, / vengando su corazón / ambos a dos se desvían. / Antón dijo :

—Mi pecado / este daño me apareja. / En mí está bien empleado. / Busco una ropilla vieja, / y dejo de ser soldado. /

Una enfermedad le dio, / llevándolo al Hospital / de Santa Ana, a do acabó. / Advierta el que anda en mal / en lo que aqueste paró. / De juegos nos apartemos, / pues que vemos los perdidos / que por este vicio vemos, / y a nuestro Dios supliquemos / que alumbre nuestros sentidos.]

Aparicio, Pedro de : *La vida y graciosos hechos de Antonico de Teuar.* Cuenca, 1603. [British Museum.]

XVII

Llamábase la mesonera Sancha Gómez... Luego que vi el talle de la mujer y el ingenio de ramplón se me ofreció que había de hacerla algún buen tiro... Sentéme a sus pies, habléla con mucha humildad y vergüenza, y llaméla madre y hermosa... Como perrita de falda la hice mil halagos... Teníame ya por tan suya que quiso repartir conmigo de sus males y descansar de sus penas... A este fin me dijo... como ella había hecho diligencia de juntar algunos huevos para vender a los huéspedes que habían venido a las fiestas... De camino me dijo como por temor de traviesos huéspedes estudiantes había escondido los tocinos, miel y manteca...

Como anduvimos la vieja y yo haciendo San Juan, traspalando mil géneros de baratijos que tenía escondidas por temor que tenía de que los estudiantes se las hiciesen declinar jurisdicción, quedó muy cansada... La pobre Sancha Gómez, con el ansia de acabar su tarea y componer las alhajas de su casa, no cesó hasta que todo lo puso en buena razón y gobierno. Sólo su cuerpo quedó desgobernado con el desmodreado [sic] cansancio... Le fue forzoso... irse derecha a la cama. Desnudóse, y como iba sudando y el desnudar era tan espacioso, resfrióse, y con esto le sobrevino al cansancio un dolor de panza tal, y con él tan apresurados cursos, que entendí serle más fácil el parir que el parar... Al cabo se echó... Verdad es que si alguna era mi compasión, mayor era la pasión que yo tenía por mirar en cuál ponía la mesonera el tusón, digo el cordelejo untado, con el pendiente de la llave de la alacena.

... Pero dio en no se morir y yo en que con su candil había de encontrar la merced de Dios con miel por cima, como dijo el bobo.

Ofrecióseme decir a Sancha, la mesonera..., que aquel hombre que venía conmigo, a quien ella había visto apearse, era el médico de mi lugar, y que era muy inteligente y cursado en semejantes necesidades. Y, pardiez, arrojéme a esto porque me hice cuenta que lo allí había que curar entre él y yo lo podíamos recetar y dar una higa al médico, y dos a la bolsa de Sancha y tres a la alacena... Yo [a Sancha] le consolé y dije:

—Por cierto que me parece que ese su mal tiene tan fácil remedio como el hastío de la mula enfrenada del vizcaíno..., que... se curó con quitar el freno a la bestia...

Ya yo le tenía acreditado con la mesonera y díchole, a lo menos mentido he, dos o tres curas milagrosas que había hecho en mi pueblo... Hizo lo que le pide... Entró, pues, [el «médico»] a la cama de la huéspeda... Hechas [las] diligencias, nos salimos fuera yo y el hermano «médico» a consultar el mal y la cura... Y acabóse el razonamiento con decir:

—Y no falte nada de lo que digo y ordeno.

... Díjela:

—Madre, dice el doctor Araujo que a vuesa merced se le ha de hacer una bizma estomaticona, y ha de llevar los requisitos siguientes: tocina..., pan rallado..., claras de huevos..., miel..., et fiat mixtio. Encerótenla; arrópenla. No entenderá todo esto, madre, pero lo principal y los materiales ya lo habrá entendido. Yo me ofrezco a ponerla las manos...

Sacamos de pañales lo frito; pusímoslo a enfriar. Mientras tanto eché en una escudilla el pringue de lo gordo del tocino, lo cual con unas claras de huevos llevé para curar a Sancha. Con esto le unté la barriga... Dejé a mi Sancho cubierta como perol de arroz, sudando más que gato de algalia, tan cubiertos sus ojos y sentidos cuan atentos los míos por ir a despachar lo frito.

Cenamos y no digo más, porque sabiendo a cena y la gana estáse dicho el cuento.

... Fui destapar el perol de Sancha. Halléla medio loca de contento, dándome por lo hecho más gracias que si yo fuera mismo Benedicamus Domino en persona... El Bertol, que estaba encarnizado en curar la vieja, desenvainó las dos ventosas, pero antes que se las echase, de común consentimiento la hicimos muchas mamonas... La cubrí la cara con la sábana, porque de lo que se ve no se da testimonio, y con los deditos eché mano a la bolsa de Judas que tenía colgada a la cabecera... Saqué a discreción cuartos, los que bastaron para lamprear los torreznos en la sartén de mi estómago... Muchas veces me ha acusado de esta gatada que hice a Sancha, y estoy bien en que me culpen...

[Permite Dios por justo juicio suya que quien gana hacienda con engaño, sea engañado de otros en honra, salud y hacienda, porque pague en la misma moneda sus delitos.]

López de Ubeda, Francisco: *Libro de entretenimiento de la picara Justina, en el qual debaxo de graciosos discursos se encierran prouechosos auisos.* Brucellas, 1608, O. Brunello.

XVIII

[En... Jaén hubo una comadre moza y muy hermosa llamada Beatriz, a cuya hermosura hizo grandes ventajas una sola hija que tenía..., cuyo nombre era Felipa... Cierto don Rodrigo... había de volver de México... y casarse con ella.

Parece ser que en Sevilla, donde estuvo unos días (don Rodrigo) tuvo un criado, grandísimo bellaco y de muy buen entendimiento, llamado Molino, a quien... hizo sabidor de los amores que en Jaén dejaba... Molino se informó muy al descuido de la calle y de la casa de la comadre y... dijo entre sí:

—No tengo que perder cuando a esta mujer engañase. Pues, pensamiento, manos a labor.

Dejó embarcar a su amo y al mismo día se pusieron a caballo sobre unos alpargates nuevos... él y otro amigo, a quien había hecho partícipe de su cuidado. Y dando al ordinario del carro para Jaén un cofre con dos pares de vestidos... se partieron.

Llegados que fueron..., trató Molino, que ya se llamaba don Gregorio de Guzmán, de moler a la señora Felipa... Parecióles hacer dos sacos de sayal pardo y andarse por el lugar dando buenos consejos y pidiendo para hacer bien a nuestros hermanos que están... en las cárceles... que con eso y con llevar los ojos bajos nadie cuidaría de examinar su vida...

Púsose en ejecución y fue tanta la limosna que llegaron que podían sustentar con ella dos docenas de hombres... Acogíanse fuera de la ciudad en unas albercas, donde tenían muy gentiles camas puestas...

Y pareciéndoles era ya tiempo de empezar su obra se pusieron... don Gregorio... un galán vestido... (y) Lozano, su compañero, haciendo el papel de criado, otro de terciopelo. Y puestos junto a la pila del agua bendita donde Beatriz tenía costumbre ir con su hija a misa... (El) señor don Gregorio... dijo a Lozano, que detrás estaba, lo supiese y, quitándose el guante, les dio agua... Mientras la misa se decía le preguntaron (a Lozano) quién era aquel caballero... El respondió que don Gregorio de Guzmán..., y despidiéndose se volvió a donde su amo estaba, y (ellas) se salieron, los ojos bajos, haciéndole una reverencia. Y los dos fueron a ser (otra vez) el señor don Gregorio el hermano Pedro Pecador y su criado Juan Miserable... Con esto y con muy buen exterior traían embaucado todo el lugar y tenían un talego lleno de... escudos.

... (El) jueves siguiente... Lozano se hincó de rodillas detrás de la señora Felipa y la dijo cómo don Gregorio su señor le suplicaba recibiese un papel suyo. Ella no respondió cosa alguna, aunque tres o cuatro veces se lo repitió. Levantóse Lozano y, caminando hacia donde su amo estaba, le dijo como Felipa no había admitido su petición, que no le parecía mal le escribiese y otro día de fiesta se llegase cerca de ella y le dejase caer donde se viese... Determinóse ansí... y junto con eso de que Lozano hiciese el amor a Beatriz, que era muy buena moza y de muy poca edad, supuesto que un mismo tiempo se gastaba en lo uno que en lo otro...

Para su cotidiano ejercicio no les era impedimento los amores de esta dama...; tenían harto tiempo y coyunturas no les faltaban, porque les sobraba el dinero, de suerte que lo que se ocupaban en ello eran los días de fiesta, y ésos habían echado fama los gastaban en tratar de sus conciencias... Luego que la comadre Beatriz vino la dijo su hija:

—... (Aquel) hidalgo que estuvo con nosotros los días atrás mientras la misa... sepa que es pariente muy cercano de aquel caballero... Como... hoy era día de Santa Inés me fui a misa. Allí entraron aquellos dos santos hermanos... (Me) dijeron como no había de quien fiar, particularmente en los hombres, a no ser como dos santos mancebos que al presente estaban aquí, que los habían conocido en las Indias, que el uno se llamaba don Gregorio de Guzmán y el otro Lozano, pariente suyo, riquísimo el don Gregorio...

Lozano sabía a dónde hallaría a don Gregorio, hecho hermano Pedro Pecador. Y caminando a su cueva se vistió el saco y, revuelta una cadena por la garganta que no le dejaba menear, se fue donde el compañero estaba, al cual llamó aparte y dijo todo lo que pasaba. Saliéronse los dos de allí y, a poco y a poco, porque la criada tuviese lugar de haber llevado a Felipa en casa de su prima, se fueron a la calle, donde en voz alta... uno de la una parte y otro de la otra, en frente uno de otro, se respondieron en coloquio un discurso que ellos (a)cerca de la muerte habían hecho, porque tenían buenos entendimientos y habían estudiado...]

Los dos hermanos se pusieron en un aposento, donde pudiese la gente que en la sala estaba verlos y oírlos... (Dentro) de un cuarto de hora... puso el hermano mayor por ejecución un pensamiento con el cual era imposible dejar de caminar sus amores muy adelante. Fue, pues, que como él sabía tan de raíz los de don Rodrigo y sabía se embarcó para las Indias, dar traza, tanto para lo que he dicho cuanto para ser tenido por muy gran santo, pues decían cosas que traían consigo presunción de serles reveladas, dando de repente a su hermano un gran grito, diciéndole:

—¡Orad, hermano mío, por este pobre hombre que se acabó de ahogar ahora! Que Nuestro Seyor le haya perdonado tantos enredos como en el mundo dejó hechos, y en esta ciudad dejó trazado con alguna de las mujeres que están dentro de esta casa...

Las mujeres, deseosas de saber qué hombre fuera aquel que se había ahogado, les ganaron la voluntad para que se lo dijesen. El hermano Pedro Pecador dijo:

—Dirélo para que a otros sirva de escarmiento y a los que sueltos viven, de ejemplo. Hubo en este lugar un don Rodrigo que..., dando palabra de casamiento a cierta dama que en ella hay, dijo que iba a las Indias por cantidad de haciendas... para casarse con ella. Ha permitido Nuestro Señor haya caído del navío y ahogádose.

Felipa, que presente estaba..., se fue a llorar a un aposento, donde se exageró la santidad de aquellos dos hermanos tan mozos, a quien era imposible conocer del uno en el otro hábito, porque en el de sayal iban con los rostros bajos y sahumados con cierta yerba que se los volvía pálidos hasta que se los lavaban; traían el cabello caído sobre él y los bigotes sobre la boca; en el de galán todo al contrario. Después que se hubo llorado la muerte de don Rodrigo, pidió parecer Felipa a su prima (a)cerca del negocio presente, la cual prometió darle luego que viene a don Gregorio, a quien Felipa alabó mucho más después de la muerte del ahogado...

Parece ser que... llevó Beatriz su sobrina a su casa..., no poco deseosa la huéspeda de verse ya en el domingo, día en que había de ver a don Gregorio, a quien por lo que de él oyó había cobrado afición. Llegado..., no pareció ni don Gregorio ni Lozano... Sintió Felipa la falta y su madre no la disimuló, y mucho más que las dos la sintió la prima... Volviéronse (los hermanos) a Jaén, donde... de lo que se hablaba era de aquel caballero y de su criado, que de cuando en cuando parecían. Para lo cual determinaron, vestidos de galanes, irse a la casería donde habían fingido antes habitaban y, arrendándosela al dueño, vivir allí o por lo menos tener bien aderezado un cuarto trayendo las alhajas de fuera... e irse, si no todas las noches, algunas, o irse uno y quedarse otro en la cueva... Y como se viesen en el domingo, se fueron a la iglesia, donde, en presencia de las damas, se ofrecieron a los caballeros...

A todo esto, la prima no quitaba los ojos de don Gregorio y él no miraba allá... Felipa... determinó responder a los papeles de don Gregorio...

La prima, que muy de veras estaba enamorada de las partes de don Gregorio, particularmente de sus dineros, queriendo ganar por la mano a su prima..., la pidió (a la criada) llevase (también de ella) un papel a don Gregorio...

... Dos respuestas ordenaron (los hermanos) se diesen a Juana (la criada) y luego de presente el porte... (Ella), por poner (el segundo papel) en la misma fratiquera, se descuidó y le puso donde estaba el otro... Ella caminó para su casa, a cuyo umbral se acordó de los papeles y de cómo los llevaba juntos, y no sabía, por faltar lo sobreescrito, cuál había de dar a su ama y cuál a su prima... (Se) trocaron, y dio el de su señora a su prima y el de Isabel a su señora... La madre llegó al tiempo que no se podían desenredar los dedos de los cabellos, mas no les pudo sacar el por qué... Felipa caminaba por las escaleras abajo cuando la madre, por aplacarla, determinó llevar su sobrina en casa de una otra su tía...

La prima había ya dado cuenta del negocio a su tía, y ella la había aconsejado no dejase de la mano ocasión tan buena, ... (don Gregorio) dijo a su tía la hablase y la pidiese, se fuese una tarde con ellas a su casa y que ella no lo contradiría. Hízose ansí, y con una cédula que la dio en que prometía casarse con ella o darla cuatro mil ducados con seguridad de testigos, tomó posesión, y fue ayuda de costa para la fiesta que se le esperaba. La cual señora quedó preñada...

Mientras esto pasaba, había Lozano llevádose a Beatriz bonitamente fuera del lugar. Luego que la tuvo allí la llenó la cabeza de viento y la dijo como se casara al punto con ella a no haber menester aguardar a los padres de su señor, porque, si sin estar ellos presentes se casara, sería ocasión para no darle cantidad de hacienda que suya tenían... Ella se vio tan obligada y tomados los puertos que dijo que se hiciese fiada en ser tan hombre de bien...

(Felipa), ya asegurada del término de don Gregorio, tomando la pluma para responderle, llamó a la puerta el hermano Pecador... (La) volvía a asegurar cumpliría (don Gregorio) todo lo que había prometido y que quedaba él por fiador de ello. Exhortándola tan de veras y para efectuar el negocio, la dijo:

—Alma de Dios, no porque don Gregorio la dé esa palabra y haga la cédula que dice ha de hacer cosa alguna que no diga con ser mujer honrada y temerosa del Señor, cuidadosa de su honor, porque, aunque haya lo que he dicho, sería pecado mortal hasta que conforme al santo Concilio estéis desposados.

Ella agradeció mucho el aviso y prometió ponerle en ejecución... (Fue) don Gregorio en casa de Beatriz y, diciendo a Felipa la aguardaba en casa del vicario, se comprometieron y le hizo la cédula como el hermano había mandado. Vueltos a casa, aunque Felipa estaba muy avisada, no tuvo ardides contra los muchos de don Gregorio y, medio por fuerza o de grado, hizo lo que el hermano Pedro Pecador le había aconsejado no hiciese.

Parece ser que, aunque Felipa quedó amiga con su prima, no por eso se trataron con la llaneza que solían, antes quedó una amistad reconciliada, causa de que don Gregorio pudiese acudir a las dos casas sin que la una supiese de la otra y, cuando se vino a entender, cursaba las dos. Aunque cada una se mostraba celosa, estaban fiadas en que sus cédulas serían cumplidas. Los dos hermanos eran muy fecundos e hicieron preñadas don Gregorio a las dos primas y Lozano a la madre... Llegados a la cueva, donde tenían dos muy gentiles mulas y todos el dinero, que era en cantidad, trocado en escudos, se partieron muy galanes para Barcelona, aunque pudieran estar allí todo el tiempo que les diera gusto continuando el camino empezado...

[Luego voló la bellaquería y conocieron ser unos mismos hombres don Gregorio y el hermano Pedro Pecador, Lozano y Juan Miserable. A esto ya la sobrina que llevó la fruta más temprana estaba sabidora del suceso. Vino en casa de su tía, hiriéndola por el mismo camino que ella fue herida. A lo cual respondió Beatriz que, fiada en una cédula que Lozano la hizo, se cegó y que perdía marido y dos mil ducados. La sobrina dijo:

—Más perdí yo y en más me fié, pues perdí a don Gregorio y cuatro mil ducados.

La hija se levantó y dijo:

—Pues yo he perdido con mejor punto que las dos, pues pierdo con dos cédulas, la una que me hizo don Rodrigo y la otra el embaucador de don Gregorio. Demás de eso pierdo diez mil ducados, si la una dos y la otra cuatro...

Todo lo cual sucedió a Felipa por querer ser más de lo que su calidad pedía. Pudiera contentarse la hija de la partera con un oficial...]

Cortés de Tolosa, Juan: *Lazarillo de Mançanares, con otras cinco Nouelas*, Madrid, 1620, Viuda de Alonso Martín. [Houghton Library.]

XIX

[... Llegó un tal don Tomé a la conversación, con cuya venida se holgaron todos. Venía este caballero con vestido negro de gorgorán, acuchillado sobre tafetán pajizo. Traía muy largas guedejas, bigotes muy levantados gracias al hierro y a la bigotera que habían andado por allí; un sombrero muy grande, levantadas las dos faldas a la copa con unos alamares pajizos y negros; toquilla de cintas de Italia de estos dos colores, y por roseta un guante que debía de ser de alguna ninfa; al cuello una banda de las mismas cintas con gran rosa atrás —cosas para calificar por figura profesa al tal sujeto.

... Trapaza conoció por hombre de humor al don Tomé... y con una gran cortesía le dijo:

—¿Vuestra merced, señor mío, necesita de sirviente? Que el que presente tiene se halla con voluntad de servirle.

Mirole el don Tomé atentamente, y dando un paseo, cuando volvió a emparejar con él, volvióle a dar otra miradura. De esta suerte fueron tres veces las que le miró, y después de bien ojeado le dijo:

—De buena gana os recibiré por mi doméstico, porque vuestra fachada me indica benévolo aspecto y apto para cualquiera cosa. ¿Cuál es vuestra nativa patria? [Hablaba por estos términos el don Tomé, que se canonizaba por figura]...

Entre los caballeros que salieron de (una) comedia iba uno anciano a quien casi todos hablaban con mucho respeto. Este así como vio a don Tomé, le dijo:

—Don Tomé, ya no puedo sufrir tantos días de ausencia. Tres han sido los que hace falta su persona en mi quinta... Brianda, mi hija..., cada instante pregunta por vuestra merced...

Don Tomé estimó el favor que le hacía, y más el que oyó decir de la dama... Con esto se despidió de él y con Trapaza detrás se fue a una casa de juego... Llegose don Tomé a las mesas del juego diciéndoles chanzas y donaires, de que todos se reían, siendo éstos sanguijuelas de su dinero, pues ninguno hubo que no le diese barato, aun sin ganar —tácito socorro en paños de donativo a su pobreza... Aquí se desengañó (Trapaza) de (un) criado de quien se informaba, el cual le dijo:

—La persona por quien me pregunta, señor galán, es un hidalgo de Andalucía... Es persona de buen humor, de graciosos dichos y sazonados donaires..., y le hacen graciosas burlas cada día, y él pasa por ellas por no perder el donativo cotidiano... Esto es lo que puedo decir de don Tomé de la Plata, llamado por otro nombre de los burlones don Tomé de Rascahambre, no porque la pasa, mas porque sin renta aguarda a comer de lo que graciosamente le dan en esta casa todos los días. Pasa plaza de medio bufón...

... Don Tomé... en (un) coche y... Trapaza al estribo... caminaron a la quinta. Fue (don Tomé) recibido de don Enrique y de don Alvaro, su sobrino, con mucho gusto... Bien echó de ver Trapaza que hacían burla de su amo... (y) que le trataban muy como a bufón, cosa que le daba pena, y si el sujeto fuera capaz de corrección se atreviera a dársela. Mas él gustaba de ser tratado así y no admitir consejo sobre esto.]

... Venían cuatro caballeros a caballo, deudos de don Enrique, a quien venían a ver... Apeáronse..., y uno de ellos dijo:

—El embajador... os envía ese bulto de alabastro de vuestro padre, que santa gloria haya, para vuestra capilla, que viene conforme el diseño se le envió, y aun bien parecido.

... Unos hombres... bajaron del carro el bulto, poniéndole en la primera pieza baja de la quinta, esto en la misma forma que había de estar en la capilla. Era la figura de alabastro de un venerable viejo... Don Tomé le alabó mucho cuanto vituperó el antiguo traje...

Era don Alvaro... caprichoso y propuso de hacerle una burla... Poco era menester para que a Trapaza se dejase brindar e hiciese la razón, porque era muy del natural suyo el ser amigo de hacer burlas... Recogióse la casa de don Enrique y don Tomé asimismo, a quien desnudó Trapaza y dejó en sosiego... Así se estuvo hasta la medianoche... Poniéndose a la puerta Trapaza, mudando la voz, dijo en la más temerosa que supo fingir:

—¡Don Tomé! ¡Don Tomé! ¡Don Tomé!

... El llamado caballero..., dijo algo turbado:

—¿Quién me llama?

... Y sacando un hacha detrás de un escondrijo, que se había hecho aposta para la burla, la tomó en la mano Trapaza y con ella salió a ser visto de don Tomé en horrible y espantable figura, porque venía armado de la manera que la figura del sepulcro, a lo antiguo, con armas blancas..., y una barba blanca. Al rostro traía dado un matiz pálido de manera que representaba un verdadero difunto.

Con este tan espantoso y horrendo espectáculo quedó don Tomé casi sin aliento, y más cuando vio que aquella visión se le iba acercando a su cama... Parándose, dijo a don Tomé:

—No temas, que te quiero muy en ti para que me oigas a lo que he venido del otro mundo... El traje que en mi tiempo truje fue el más lustroso que entonces traía la gente de mi calidad. Si en el presente se usa otro no debe ser menospreciado el antiguo, pues fue el que honró a los progenitores de los que viven. Culpa has tenido delante de mi hijo en haber hecho escarnio de mí... La gracia y el donaire, y aun el bufonizar, hablando con más propiedad, tienen dilatados espacios en que se extender sin alargarse a hacerse contra los difuntos...

Don Tomé estaba perdido, tanto que no tuvo valor para saltar de la cama...

Alonso de Castillo Solórzano: *Aventuras del Bachiller Trapaza, quintaesencia de embusteros y maestro de embelecadores*, Zaragoza, 1637.

X X

a)

Este sacerdote es cristiano viejo, nacido de padres labradores... Llámase Amaro de Laje. Determinó una noche dar asalto a unos perales que había en un huerto de un vecino suyo... Para hacerse dueño absoluto del robo dijo a los compañeros que en cuanto ellos llenasen de ellas los sacos que llevaban, él les haría centinela a una puerta que de la casa caía al huerto. Entraron

todos, y al tiempo que él vio que habían ya cogido buena cantidad, vistiéndose por encima de la sotana una camisa, disparando una pistola, dijo:

—¡ Ay, que me han muerto !...

Fingiéndose él ser el dueño de las peras y su voz otra, se fue adonde
estaban, que con verle en camisa y apellidar: ¡ Ladrones ! ¡ Ladrones !,
dejando la presa por despojo al embuste..., saltaron fuera del huerto,
hallándose metidos en unos pelambres hasta las cinturas.

Ellos pensaron haberle dejado muerto y, saliéndose de la pecina de
aquellos cueros hediondísimos, hicieron sus discursos. Que para no averiguar
la justicia ser compañeros de él sería bien ir a lavarse y todos sus vestidos
al río... Y como... era menester tiempo considerable túvolo Amaro de poner
en cobro las peras...

Tarde, mal y suciamente, y aun sin acabarse la colada, salieron del río
sus compañeros... Se entraron por una ventana en la casa... Y condoliéndose
del miserable estado en que había cogido muerte tan repentina a su compañero, comenzó él de dentro a dar unos ayes tan doloridos que totalmente
juzgaron ser su espíritu... Abriendo la puerta, desnuda la espada en la
mano, embistió con ellos con la cara, boca y manos llenas de sangre de un
pollo que antes de acostarse había comido...

Fue fácil reconocer los estudiantes que aún vivía Amaro. Entendiólos él
y para disfrazar más su embuste les fue enseñando por todo el cuerpo muchos cardenales que refregándose con añil de Indias había fingido... Les
fue dando cuenta como al tiempo que le tiraron el pistoletazo se había
dejado caer en el suelo, y que el dueño de las peras..., por ver que aún
respiraba, le había puesto de aquella manera hasta dejarle totalmente por
muerto... El se quedó con las peras, y por muchos días sus compañeros
mal olorosos del baño.

b)

La embustera que llaman doña Catalina de Melo pagó a un pregonero
que por todo (la ciudad) pregonase se darían grandes albricias a quien hubiese
hallado un cofrecillo de filigrana y rubíes. Decía el pregón haberse perdido
en la misma calle adonde Amaro da Laje vivía, en la cual en diferentes
días mandó dar duplicados pregones. Ella fue a aguardarle a la Misericordia, adonde él acostumbra decir su misa y, fingiendo no conocerle, dijo que
la oyese de confesión. Hízolo él y a pocas palabras vino a declararle como
había hallado aquel cofre. Por estar cerrado y sin llave, no sabiendo ella
lo que tenía, le había empeñado en cien escudos en casa de un mercader.
Si él quería volverle a su dueño le buscase aquellos escudos y juntos los
dos irían a desempeñarle para partir los dos los que les diesen de hallazgo.

Otro día él traía aquellos escudos. Dijo ella:

—Ya que vuesa merced los trae, vemos a la Rúa Nova, que en dándole
al mercader entregará a vuesa merced el cofrecillo en las manos.

Sabía ella que a uno había él hecho una pesada burla y, llevándole a
su misma puerta, le dijo que allí estaba la prenda.

Cuando él se vio en aquel empeño de ser conocido si entraba, y si no
lo hacía no cobrar las joyas, entregó cincuenta doblones a doña Catalina
de Melo. Rehusaba ella el aceptarlos, por asegurarle, y después de mucha

porfía sobre que él mismo los había de entregar por su mano, persuadida de sus razones de él, pidiéndole que le aguardase allí se entró en la casa.

A vista de Amaro, sin poder conocerla, se salió de viuda aquella que entró dama, llevando sus doblones por las fingidas joyas.

c)

(Amaro), viendo que un hombre desembarcaba unas caponeras y banastas de gallinas, preguntándole de dónde era, le dijo que de entre Duero y Miño.

—De mi patria, volvió (Amaro), vengáis norabuena...

Vino Amaro da Laje a hacerse deudo suyo y como tal ofreció buscarle compradores a su mercancía. Hízole llevar una banasta a la puerta de la iglesia de San Nicolás. Entrose... Habló con el cura, que por ser en la Semana Santa estaba confesando, y llegándosea él en parte donde el gallinero le veía, enseñándoselo al cura, le dijo:

—Aquel hombre que allí está es de mi obligación. Tráigole aquí para que vuesa merced me la haga de confesarle, porque está tan malo de una melancolía que le vuelve loco... La tema que le da en sus locuras es decir que es ave, y no quisiera que volviéndole se nos volase.

Con esto salió fuera de la iglesia adonde el otro tenía sus gallinas. Ajustó el precio regateándolo mucho de parte del cura. Fuese al confesionario dando muestras que iba a conferirlo con él. Después de fingir haberlo hecho, volviendo a llamar el gallinero, dijo en su presencia al cura:

—Aquí queda el hombre; en habiendo lugar envíele vuesa merced a su casa.

Y mandando tomas la banasta a un ganapán se llevó las gallinas a la suya. El cura... con el gallinero se fue a la sacristía... Díjole:

—Hincaos de rodillas, hermano.

—¿Qué rodillas, señor?, volvió el otro. Págueme mis gallinas, que estoy de prisa.

—Antes me parece que estáis loco, hijo, replicó el cura.

Y llamando un criado suyo intentó, o ya con buenas razones, o ya con la ayuda de él, hacer que confesase el pobre hombre el pecado que no había cometido. Daba voces y reprehendíale el cura hasta que, por discurso de la contienda, echó de ver el engaño y el robo que le había hecho Amaro da Laje, sin ninguno de ellos conocerle.

d)

En la puerta de (la casa de Amaro da Laje) amaneció un día fijado un cartel de grande y hermosa letra, que era éste: *Todos los curiosos que quisieren ser adivinos, en esta casa hallarán quien les enseñe a adivinar en menos de un cuarto de hora por precio de un real de plata, sin ser por arte mágica ni otros medios reprobados por nuestra santa fe católica.* Pasaban unos y otros y a todos convidaba la hermosura de la letra a leer el cartel y la curiosidad del arte. Los que conocían la casa y el dueño de ella, temiendo algún engaño, no tratando de averiguar lo que era, se iban a sus negocios. Pero los demás, entrando uno a uno, daban con mucho gusto su real y, saliendo adivinos, afirmaban a todos los de afuera que sin duda era ciencia cierta... Creció con esto la curiosidad en muchos y por espacio de dos días juntó (Amaro) buena cantidad de reales...

(Un lacayo) dio su real de plata. Entró y errándole la puerta le fueron dos hombres acompañando hasta el aposento adonde estaba Amaro da Laje con mucha autoridad, su bonete muy grande en la cabeza... (Había) a los dos lados dos cazuelas de olor excelente, y en medio una olla muy grande de porcelana de la China cubierta con un pliego de papel atado con curiosas lazadas de una colonia carmesí, y un abujero en medio...

(Amaro) le dijo:

—Vuesa merced viene aquí para que yo le enseñe a ser adivino... Conviene que sea hombre confiado, porque la confianza es la madre de las ciencias... Si vuesa merced no es confiado no es conveniencia mía el enseñarle...

Respondió el lacayo... que aceptaba el partido y que le enseñase. Dijo Amaro da Laje..., preguntando al lacayo:

—¿Qué es lo que está en esta olla?

—¿Cómo puedo yo adivinarlo, replicó él, si no lo veo?

—Pues esa es la ciencia que vuesa merced va a saber, le volvió Amaro. Meta el dedo y huela.

De servicio servía la olla, y a eso dijo el lacayo que le olía el dedo.

—Ya vuesa merced adivinó, dijo el maestro. Bien puede irse enhorabuena a adivinar por todo el mundo. Y por su reputación calle, que hay cosas que cuanto más se bullen más mal huelen, y muchos por no perder un real pondrán todas sus faltas en la calle.

Con esta cautelosa advertencia quedó Amaro con muchos, porque ninguno quiso confesar su mengua, confesándose todos por adivinos de su ignorancia.

Machado de Silva, Castro e Vasconcellos, Félix, marqués de Montebelo: *Tercera parte de Guzmán de Alfarache*, editado por Gerhard Moldenhauer, *Revue hispanique*, 69, 1927.

XXI

Dio conmigo en la casa de un estudiante reverendo, alto, locuaz y disimulado, que estaba hablando con un mozo muy peinado, a quien decía estas palabras:

—Señor don Alejandro, vuesa merced ha hallado lo que ha menester. Mi señora doña Elvira es hija de un señor ministro que murió en el levantamiento de Portugal. Tiene hasta veinte mil ducados de dote en dinero y otras alhajas riquísimas, y un hábito de Santiago. Su persona es grave, hermosa y bien dispuesta, sus años no exceden de veintidós, su opinión de los mejores, su condición la más apacible y, en fin, ni vuesa merced puede apetecer otra cosa, ni naturaleza y fortuna darle más.

Replicó el repulido caballero:

—Señor don Pedro, eso es lo que yo he menester...

Entró una viuda algo turbada. Sentose y el estudiante con algunas zalamerías la dijo se sosegase y dijese lo que mandaba... Empezó la mujer su demanda de esta manera:

—... Aunque es verdad que no hay más de un mes que enviudé, quisiera casarme a mi gusto... He puesto los ojos en un mancebito... Llámase don Felipe Chin...

Diole un doblón de a ocho... El bienafortunado casamentero, oída la relación, lo juzgó por hecho.

... Venían la calle abajo a toda prisa dos personajes,..., es a saber, el casamentero y la viuda lencera que se casó con el espadachín... Decía la pobre mujer:

—Este mozo me tiene pobre. No se ha contentado con jugarme el dinero ni con venderme las alhajas... Está amancebado a pan y manteles dos años ha y no deja mozuela que no solicita. ... A vuesa merced pido consejo si me divorciaré o ¿qué será de mí?

Respondió el tal (casamentero):

—Señora mía, siempre temí esa perdición en un hombre tan verde y tan holgazán. A vuesa merced se lo quise decir cuando se trató el casamiento, pero vila tan presurosa y enamorada que no me atreví...

A pocos pasos dio con el caballero Alejandro... Iba el tal vestido de una bayeta muy trabajada a quien el tiempo había dejado calva..., valona de tres semanas, sucia y con sus celosías por donde se asomaban algunos hilos de la golilla de color de perla, no tan preciosas... El estudiantón... preguntole cómo estaba tan deslucido, estando casado con una señora tan noble y rica... A lo cual, respondió:

—El día que ajustamos los conciertos, y aquellas señoras, se contentaron de mí y yo de sus mercedes... A pocos días descubrí más lacras que tiene un pobre de Antón Martín. Todo fue a revés. Mi suegro fue ministro, es verdad, pero era de vara. Andaba a comisiones y en el levantamiento de Portugal se halló en Lisboa en una cobranza... En cuanto a las partes personales de doña Elvira no tengo que quejarme, que a no tenerlas yo muriera de hambre... Téngame lástima.

(Su buen amigo), compadecido, le dijo:

—Amigo mío, este mundo es todo engaño. Duendes son los dotes y las riquezas; dicen que los hay y no se sienten.

> García, Marcos: *La flema de Pedro Hernández. Discurso Moral y Político*, Madrid, Gregorio Rodríguez, 1657. [Library of the Hispanic Society of America.]

XXII

a)

Don Fruela se sentó diciendo:

—¿Qué tengo que hacer desde aquí a la una? Pardiez que tengo de bajarme a pie al río y conseguiré con estos dos cosas: divertirme y cansarme para dormir bien.

Y así se bajó al río. Hallando sitio a propósito y solo se desnudó, haciendo un lío de su vestido. Oyó un ruido y vio venir río arriba un coche y en él cantando una mujer. Don Fruela confirmó la sospecha, conociendo que era doña Tomasa.

Para vengarse fue aprisa a tomar sus vestidos y la espada, y llegando al sitio no halló el vestido. Oyó que decía la Tomasa que por la honestidad le suplicaba a don Gedeón se retirase, porque quería desnudarse. El viejo Fruela halló puerta abierta para su venganza. Cogió aprisa los líos de los vestidos de doña Tomasa.

Se metió en una cueva, vistiéndose, aunque fuera de mujer, para irse en estando el río solo. Don Fruela pasó el río tapado de medio ojo.

Vio tres hombres que estaban esperando a unos peinados y a una mujer que había bajado al río con uno de los tres. Nuestro Fruela, como vio hombres, se arrimó hacia las tapias del parque. Embistiendo con don Fruela le echaron en el suelo boca abajo y teniéndole los dos, el celoso le levantó las faldas y con la petrina le dio hasta cansarse. Viéndole que había dado muestras de ser hombre, uno de los tres sayones dijo:

—Señor ladronazo, ya está entruchada su flor, que con este traje baja al río a buscar a quien robar. Así le hemos dado lo que por ladrón se merece.

Venían del río dos tropas de lacayos y mozos de pellejos, con guitarras y sonajas, y así como reconocieron bulto de mujer corrieron y le cercaron, diciendo:

—¡Corro, corro! ¡Vaya de baile! Con nosotros ha de bailar, o ha de llevar una zurra.

Llegaron unas fregonas y con esto quedó Fruela excluido de él. Un figura que había visto bailar a Fruela se enamoró de él y le fue siguiendo. Metió aprisa la mano por debajo del manto a la cara y le atentó un papahígo de barbas. El impaciente, por echarle de allí, se destapó y le dijo:

—¡Soy el demonio!

b)

[Don Fruela se fue a tomar una bebida, que le había conficionado un boticario, para rejuvenecerse, forzando a naturaleza para no quedar corto con la novia. Y el oficial, por darle una bebida, le dio una purga que estaba prevenida para un colegial de Salamanca. Don Fruela la tomó y, escondiendo el braguero, se fue a acostar con la novia. Empezó a tener dolor de barriga, y no hacía sino acostarse y volver luego al servicio. La novia, en viéndole dormido, oliendo al diacatalicón y a lo purgado, se levantó de la cama y se puso a la ventana para olvidar aquel mal olor. Vio un hombre pasearse por la calle y que miraba a la ventana. La habló muy tierno, y ella respondió más tierna que una manteca, como quien quería desahogarse. Levantose Fruela y al volver a la cama echó menos a su mujer y hallola en la ventana. Preguntola qué hacía allí. Respondió que salía a orearse de los malos olores, porque él en toda la noche no le había dejado cerrar los ojos a puro abrir él el suyo.]

La noche siguiente el viejo, temiendo si se dormía que Tomasa se había de levantar, y para echarlo él de ver, cosió las camisas de él y de ella sin que lo echase de ver, de modo que no podía ella menearse sin despertarle. Ella, viendo que su esposo daba tributo a Morfeo, fuese a levantar y no pudo. Dijo: *Entre bobos anda el juego*, y se fue saliendo de la camisa por los pies, y en carnes fue a buscar las enaguas para cubrirse. Había corrido voz en casa que una alma andaba allí en pena, y al salir Tomasa de la alcoba pasó por donde le dio la luz. La criada, como vio aquella visión en carnes, pensando que era alma en pena, empezó a dar voces. La Tomasa por el ruido no pudo tomar las enaguas, y de la gente huyó y se subió al desván. Su marido a las voces despertó y salió de la cama llevando por maza la camisa de su mujer. Subieron todos al desván donde estaba Tomasa, que se metió en una tinaja de harina. Sacaba la cabeza pidiendo una camisa y guardapiés. Los demás bajaron de miedo, rodando por la escalera.

La Tomasa salió de la tinaja, que para freírla ya ella estaba enharinada. Descosiendo la camisa, se la llevaron y dijo el Fruela:

—Querer uno guardar a su mujer es poner puertas al campo, que es imposible. ¿Quién había de pensar que como culebra había de dejar el pellejo y se había de ir desollada?

Los vecinos ya todos sabían poco más o menos por quién andaba el alma de Tomasa en pena a aquellas horas.

c)

Fruela vio acreditada su casa y la hizo casa de posadas de caballeros. Llovían huéspedes. Ofrecióse un embargo de mulas para ir Su Majestad al Escorial. Un huésped tenía un macho regalado y temía no se le embargasen, y púsole a los pies y manos todas las rodillas de la cocina y trapos de casa y le subió a la azotea por las escaleras. Subiéronle un pesebre de madera.

Julio, el amante de doña Clara la ofreció una música y trajo seis músicos. Oyó ruido arriba y fue que el macho tenía el pesebre junto a la ventana de la azotea y, sacudiendo la cabeza, sonaba la cadena. Ellos cantaron al macho, que asomaba a la ventana la cabeza y sacudía las orejas.

Se le dijo a don Julio que se metiese en un esportón grande, pendiente de una fuerte polea. Le subieron arriba hasta que abordó con la ventana y ellos, viéndole ya que entraba en la azotea, se fueron. Julio, besando al macho en las ancas, se vio favorecido con dos coces, que le hizo rodar toda la escalera hasta abajo, donde un mastín al ruido despertó, dándole en las piernas algunos bocados, y no de mermelada. Un huésped abrió la puerta lastimado de oírle. El huésped se desmayó casi porque oyó llamar a la puerta de la calle, diciendo:

—¡Abra aquí a la justicia!

Decía:

—Esta sí que es desdicha y no la vuestra. Me vienen a prender por una deuda. Podéis remediarme vosotros, acostándoos en esta cama diciendo que sois el huésped y yo en el esportón me bajaré a la calle. Al huésped los vecinos le azotaron, y a don Julio le llevaron a la cárcel.

d)

Don Leonardo escribió un papel de desafío a don Gedeón y otro papel a un amigo alguacil de Corte, en que le decía saliese a estorbar una desdicha. Llamó al criado, pero éste trocó los papeles.

Ya don Leonardo estaba en el campo cuando llegó el alguacil de prisa. Sacó la espada y le tiró. Don Gedeón vio la cuestión desde lejos. Aprisa el alguacil dijo a don Gedeón que se tuviese o le tiraría. Decíale Gedeón:

—Mire v.m. no le dé sin querer una estocada.

Respondió el alguacil:

—No puedo recibirla, que dirán que es cohecho.

Y con la una conclusión le cogió la espada y así paró la pendencia, que si durara ya una guarda del millón, que lo vio, los quería hablar en lenguas de fuego, porque ya tenía el arcabuz a punto. El alcalde, porque don Leonardo dijo que no conocía a quien le hirió, le metió en la cárcel de la Corte.

e)

Comía Gedeón en casa de don Julio, y para entredía tenía abajo un aposento solo para dormir la siesta. Y como tenía llave llevó su dama un día a él, y al entrar violo la criada de don Julio. Este y su mujer dieron una reprehensión a la dama y la echaron con desprecio, y en venganza del atrevimiento de don Gedeón trazaron de hacerle una burla. Y fue que a un negro muy feo y asqueroso, que tenía tiña, le vistieron de mujer y tapado de medio ojo le industriaron. Vino don Gedeón, abrió y entró con unos dulces en un pañuelo. Asustose y yendo a destaparla vio al negro que puso un gesto horrible. El amante quedó tan turbado como si hubiera visto un demonio. Los criados vestidos de diablos le dieron azotes.

Don Gedeón, pensando en su venganza, entró a despedirse de don Julio que estaba en la cama, y al salir halló los vestidos encima de un bufete y cogiólos debajo de la capa. Sería esto a las doce de la noche llamó diciendo que venía de parte del marido de la que le abrió. Entró diciendo con gran sentimiento a la mujer de don Julio:

—Vuestro esposo, estando esta noche bañándose en el río, se ahogó.

A las tres de la noche llamó a la puerta del cuarto don Julio. Abrieron y entró envuelto en una sábana, porque donde estaba llamó la justicia, y él se huyó por un tejado envuelto en aquella sábana. Así como le vieron todos, pensando que era su alma que andaba en pena, huyeron. Volvieron los vecinos con el cura de la parroquia, que le conjuró. Dos alguaciles le llevaron a la cárcel y también a la dama.

> —Bernardo de Quirós, Francisco: *Obras de D. F. B. de Q., alguazil propietario de la corte de Su Magestad, y Aventuras de Don Fruela*, Madrid, 1956, Melchor Sánchez. [Library of the Hispanic Society of America.]

XXIII

[A Vireno] le sucedió que pasando por una esquina le ceceasen de una reja baja, a la cual se llegó y oyó que decían:

—¿Es don Francisco?

Al tiempo que mudando algo la voz, respondió:

—El mismo.

—Pues esa es la muestra. Vuesa Merced haga como la concierten...

Y a este tiempo le pusieron en la mano una bolsa... Se vio embestir de un bulto con una espada... Le seguía, mas dejándose caer dijo [no] debía ser él a quien buscaba. A cuyas razones el contrario conoció su inadverten-

cia... Diciéndole [Vireno] estar herido, le pidió [el espadachín] [le] perdonase y, conociéndolo por pobre le dio un bolsillo con algunos de a ocho
para su cura.

Luego que amaneció miró [Vireno la bolsa]... hallando en ella una
muestra de reloj harto curiosa si bien de poco valor... Llegose en cas de un
famoso relojero... Le mostró la muestrecilla, diciendo:

—... Yo volveré por ella.

Volviendo muy puntual..., le dijo:

—Vuesa merced me ha de hacer favor de tenerla a la vista, porque yo
querría deshacerme de ella... No la ha de dar vuesa merced menos de
treinta de a ocho... A quien diere lo que digo dela que yo satisfaré el
agasajo.

Pasaba a la sazón por Zaragoza un caballero sevillano llamado don
Francisco de Chaves. [Vireno], llegándose a uno de [sus pajes], tuvo noticia de la calidad, nombre y prendas de este caballero y haciéndose encontradizo lo saludó... Admirado quedó el forastero de oír su nombre... Dijo
don Francisco:

—Yo soy el que ha tenido la dicha.

Respondió Vireno:

—Y más por hallarme en cierto empeño de que vuesa merced me ha de
sacar... El caso es que a cierta dama le ha apetecido una muestra de reloj
que está en casa del artífice, el cual... me ha pedido un excesivo precio...,
porque os aseguro que no vale de treinta de a ocho adelante, y él me pedía
cuarenta con un desuello increíble... Vos me habéis de hacer favor de ir
y concertarla en treinta de a ocho, dando estos seis de señal...

Fue don Francisco a la casa del relojero... y la concertó en los treinta
de a ocho, dando los seis de señal... Admirado quedó el relojero de ver que
se había vendido aquella muestra en tan excesivo precio y así quiso tener
algún logro en ella, diciendo no haberla vendido sino en veintiocho de a
ocho. Pues le pareció era repagarla y que, dándole a Vireno esta cantidad
luego, no haría reparo y él no podía perderla por tener la señal dicha...
Acertó a pasar Vireno..., y dijo:

—¿En cuánto ha ido?

Le replicó riéndose:

—En veintiocho de a ocho, que le aseguro que no entiendo en qué
puede estar tanto valor.

—Cierto es que vuesa merced no lo entiende, que si lo entendiera no
hubiera hecho tal disparate. Quédese adios, que voy de prisa.

—Oye vuesa merced, dijo el maestro, ya está hecho. ¡Paciencia! Si
quiere el dinero, véalo.

—Echelo acá, dijo Vireno, que yo le aseguro sea la última alhaja que
a vuesa merced le encargue.

Y habiendo recibido los veintiocho de a ocho le dio dos, diciendo:

—Tome para unas perdices.

... Habiendo encontrado a don Francisco..., después de haberle saludado, le dio las gracias de la puntualidad con que había ejecutado lo que
le suplicó.

Prado, Andrés de: «Ardid de la pobreza», *Meriendas del ingenio. Y entretenimientos del Gusto, en seis novelas*, Çaragoça, 1663, Juan de Ybar. [Houghton Library.]

XXIV

... Mas yéndome paseando / martes de Carnestolendas, / presagio de mi desdicha / o de mi fortuna adversa, / llegose una vieja a mí / ... Por fin aquesta me dijo, / con palabras halagüeñas: /

—Hijo de mi corazón, / mucho en el alma quisiera / saber lo que se ofrece, / que tanto el barrio pasea. /

Yo le dije...:

—Sepa usted que ando buscando / una doncella que tenga / lindo garbo y discreción, / y que de mi gusto sea. /

Pero la vieja maldita, / como astuta hechicera, / me ha dicho:

—Señor galán, / a famosa ocasión llega, / pues tengo yo una sobrina / ... Es muy hermosa, es discreta. / ... Es verdad que esta mañana / me dijo en todo resuelta: / «Tía, yo quiero casarme / con el mismo que usted quiera». / Y siendo usted de mi gusto / también será a gusto de ella. /

Tanto me la encareció / que viene a quedar, sin verla, / enamorado de suerte / que era mi pecho una hoguera. / Yo otorgué y le di la mano, / mas fue con la advertencia / que hasta que ella me avisase / yo no puedo entrar a verla. / ...

Llegó en fin la dicha pascua, / que es costumbre dondequiera / el regalar a las novias / con alguna cosa fresca. / ... Entré por fin en su casa, / donde a mi señora suegra / saludé muy cortés, / y ella me recibió atenta. / Preguntele por mi niña, / y entonces respondió ella: /

—Ahora se entró al corral / a sentarse en la secreta. /

Y desde dentro responde / la referida doncella: /

—Espere usted, señor novio, / que voy larga de vareta, / y estoy haciendo buñuelos / para el día de la fiesta. /

Yo que oí tal disparate / y tan grande desvergüenza, / la respondí sonriendo: /

—Para la muy sucia puerca. / ...

Cuando la vide venir / (¡cielos prestadme paciencia!) / ¿quién vio la muerte pintada? / ... porque era horrible de fea. / Ya es preciso dibujarla / porque el desengaño vean. / ... Yo entonces viendo el engaño, / maldiciendo a la tercera, / iba a salirme a la calle, / mas llegaron a la puerta / ... la justicia y me llevaron / a la cas de mi abuela. / ... Dentro de la misma cárcel / me desposaron con ella; / ... la vergüenza que pasé / ninguno pase por ella / ... Y antes que se fuera el cura, / para coronar la fiesta, / parió la novia un chiquillo / tan bonito como ella, / que no le quitaba pinta / al sacristán de la iglesia. / ...

Ya estamos los dos muy bien, / yo pagando, ella contenta, / que es común, dice el refrán: / *No hay mal que por bien no venga.* / ... Nadie a mis puertas se llega, / que por no verla a la fea / me perdonan muchas deudas. / ...

Anónimo: *Romance nuevo, del chasco qu* [sic] *le diò una vieja a un Moncebo* [sic], *dandole una sabrina* [sic] *suya por donzella, y avia ya parido catorze chiquillos, sin otras faltas que tenia, como tuerta, tiñosa y calva. Compuesto por un Capador de Grillos, y Cardador de lana de Tortugas*; ..., Barcelona, n.d., Joseph Altes. [Library of the Hispanic Society of America.]

XXV

[Un soldado de la milicia de Flandes en tiempos de Felipe II, llamado Andrés Peralta..., caminaba para Lisboa... Empezó a caerle la noche a una legua de distancia de la ciudad de Evora en un sitio donde había algunas casas abiertas y abandonadas de la gente... Decidió pasar la noche como mejor pudiese en algún cuarto menos arruinado de aquel edificio.

... Oyó una voz desentonada y terrible que decía:

—Desocupa, atrevido soldado, este aposento, si no quieres perecer en él cuando lo derribe sobre ti.

... El Diablillo de la Mano Horadada en el aspecto de frailecillo de pequeña estatura, pero de facciones disformes, las narices romas y asquerosas con mocos, la boca formidable con colmillos de jabalí, y los pies de chivo, para el sobresaltado Peralta articuló estas palabras:

—... Soy yo el comisario general para dar tentaciones y provocar las maldades... No has de partir de aquí sin provecho ni de verte hechos grandes bienes.

... Dijo Peralta:

—... Te pido que me des licencia para proseguir mi camino.

... A lo cual el Diablillo respondió:

—No sé qué secreta causa me obliga a hacerte bien. Así que no voy a abandonarte hasta que te haya puesto en puerto seguro.

—Pues, si es así, respondió Peralta, ... ha de ser con condición que no me impidas de hacer buenas obras.

... Con esta conformidad salieron de la posada, o conciliábulo, el Diablillo de la Mano Horadada y el famoso Peralta... Fácilmente el Diablillo se dejó ir, teniendo ocasión de señalarle a Peralta que no podría éste verse libre de sus engaños, por más que tuviese cautela de ellos, si él los quisiese poner en ejecución.]

a)

... Llegaron a Evora, donde se apresentaron en una posada... El Diablillo se despidió y Peralta se recogió en una habitación... Subía a la habitación donde estaba Peralta una fregona de muy buen parecer, que vivía en la posada y se llamaba Angela Pedrosa... Bien entendió Peralta los engaños y las trampas de Angela y la idea que el Diablillo le había expresado de llevarle consigo para moverle al pecado de la sensualidad, con la conversación con Angela... El Diablillo quedó contentísimo pensando que Peralta quedaría prendido de (ella). Cuando aquél se retiró, le dijo:

—Ahora queda esta noche en que te diviertas, porque esta moza parece que te robó las inclinaciones... Compañero, yo no puedo dejar de emplear la naturaleza que profeso, armándote los lazos en que caen los flacos e ignorantes.

... Pareciéndole al Diablillo que de la inclinación de Angela resultaría el mal fin que él esperaba, se despidió de Peralta... Ya éste había pasado unos breves momentos de sueño, y serían cerca de las once de la noche cuando, después de haberse recogido todos, Angela se echó en su propia cama luchando con el sentimiento que sufría por el desprecio de Peralta, juzgándolo una gran ofensa hecha a su gentileza... Todavía inquieta a causa de estas consideraciones, y apelada del sueño, después de apagada la luz oyó una voz que le decía muy mansamente:

—¿Duermes, Angela? ... Te ruego que vengas a mi cuarto.

... Entendiendo ella que era Peralta, y envolviéndose en la manta fue a buscarle en su habitación. Hallando la puerta cerrada metió la mano y la abrió. Al entrar dentro, teniendo todavía la luz encendida, vio que Peralta estaba dormido a pierna suelta... Retiró la manta y se metió en la cama... Peralta despertó, y asombrado de verla consigo en la cama cuando creía haber cerrado la puerta de su cuarto, le dijo:

—¿Qué desmán es este, señora Angela? ¿Quién le dio permiso para venir a inquietarme?

... Entonces cayó Peralta en la cuenta, por lo que Angela le decía de la llamada, y del haber encontrado abierta la puerta del cuarto, de que todo era obra del Diablillo para tentarle con el pecado de sensualidad...

b)

Salió Peralta de (una) iglesia, y juntándose con el Diablillo fueron adelante. Se encontraron con un alcalde y su escribano que llevaban preso a un hombre, el cual iba quejándose de que le prendían por lo que no debía, y que había ya pagado, siendo él un pobre hortelano... Peralta, lastimado de oír al preso, se acercó al alcalde y le pidió que por cortesía le quisiese decir la cantidad que debía el preso. Respondió el alcalde que dos mil reales y cinco tostones de interés. El Diablillo..., volviéndose hacia el alcalde, le dijo:

—No sé, señor, cómo tenéis tan poca conciencia, que prendéis a este pobre hombre por lo que ya os tiene pagado.

Insistió el alcalde que tal no era el caso, y el Diablillo continuó:

—¿No os acordáis de que una vez os dio dieciséis tostones, una pataca y cuatro vintenes, lo cual hace dos mil reales que os debía, y vosotros le disteis por señal quitación de ellos escrita en una carta? Pues, si ello es así, ¿cómo queréis ahora, porque este pobre hombre perdió la quitación, que yo después hallé, volver a cobrárselos?

Como las señales que daba el Diablillo eran verdaderas, el acreedor no supo dar otra respuesta, sino decir:

—¡Señores, si es así, que me lleven todos los diablos!

Con que el Diablillo muy contento le respondió que con el tiempo le pediría el cumplimiento de aquella palabra.

c)

Se halló Peralta con su compañero en el Rosío de Montemor, donde consiguieron posada para aquella noche. Después que Peralta había cenado y se había acostado en la cama, el Diablillo empezó a hacer de las suyas, y armó tales diferencias entre el huésped y la huéspeda que por poco se hundió la casa. El motivo fue el decir el huésped a su mujer que había hecho muy grandes las raciones de carne y medido el vino sin bautizarlo... Hubo tal «Aquí del Rey» que, si no hubiesen acudido los huéspedes a aplacar la rija, la posadera habría sin duda pagado por ello con la vida, porque tanto porfiaba. El Diablillo tenía enfurecido al marido hasta tal punto que no reparaba nada en arrancarla la vida.

No se contentó sólo con la revuelta referida, sino cuando había pasado gran parte de la noche y todos reposaban quietamente, se fue al establo e inquietó las caballerías que se deshicieron todas dando coces...

d)

Peralta, estando ya lastimado y enfadado con haber visto tantas representaciones de torpezas y miserias humanas, dijo al Diablillo que no quería más que el poder seguir su camino.

—Que sea así, dijo el familiar diabólico, pero deja pasar el río a aquel religioso que por allá viene a caballo, con sus alforjas llenas de cosas en las que tengo parte yo, porque quiero que tú te aproveches de ellas...

Y en este tiempo, pasando el religioso, se espantó la mula de modo que con los desatinados coces y los movimientos abruptos dio con el religioso en tierra y se huyó. El Diablillo corrió tras ella..., y regresando con ella se la dio al religioso, diciendo que con los saltos que había dado se la había caído fuera de las alforjas algunas cosas que él no había podido recoger, para no perder de vista la mula. Había ido muy lejos buscándola.

—Ha sido una caridad, respondió el religioso, el trabajo de capturar la mula, y lo que cayó de la alforja no importa nada...

Después de haberse ido el religioso... dijo el Diablillo a Peralta que se aprovechase de la ocasión, tomando un pedazo de jamón y algunos dulces de la alforja del religioso...:

—Yo, dijo el Diablillo, no tomé nada del fraile. Lo que tomé era mío por habérmelo dado él primero... Tienes que saber que este jamón y estos dulces fueron mandados al fraile por cierta confesada de las suyas, y viendo él que el jamón era duro y que nunca parecía que se acababa de cocer, dijo: ¡Doy al diablo este jamón; ¡Qué duro está! Y lo mismo aconteció con los dulces, así que en tomar lo que me habían dado ya no hice ofensa a nadie.

e)

Sería la medianoche y todos se habían reposado durante un rato cuando el Diablillo, sin abrir la puerta, entró en la posada y trató de hacer de las suyas. El primero con quien se enfrentó fue el dueño de la casa. Entró en el cubículo donde éste dormía y puso toda la loza que había en casa esparcida por toda ella. Tiró por el suelo una olla que estaba sobre un poyo con tasajos de carne, y con el estruendo despertó al posadero... Se levantó de la cama... El Diablillo, para que el dueño no errase la loza con sus movimientos, hacía rumores de vez en cuando donde él estaba, dándole a entender que sus golpes se habían acertado sobre el cómplice en el delito, el cual imaginaba qu estaba allí... La mujer encendió una luz y vio la destrucción que estaba hecha en platos, potes, escudillas, búcaros y ollas. Puso las manos en la cabeza y empezó a echar la culpa al marido, diciendo:

—¿No tenías otra cosa que hacer sino romper la loza en pedazos? ¡Que el diablo te lleve el juicio!

... Como el Diablillo había desaparecido y el posadero revuelto todos los rincones de la casa sin hallar al delincuente que imaginaba, volvieron él y su mujer a echarse en la cama...

f)

[El Diablillo... espantó las acémilas de algunos arrieros que pasaban, sólo por hacer el mal, haciéndolas derribar sus cargas. Con que los arrieros blasfemaban y daban al diablo sus bestias. El de la Mano Horadada, como si bañado en agua de azahar con el gusto que le daba aquel maleficio, decía a Peralta muy mansamente:

—¡Mira cuántas acémilas tengo!

Peralta, muy triste, pidió al Diablillo que no quisiese otra vez hacer aquello a los viandantes, porque a él le lastimaban mucho las molestias dadas a sus prójimos. El Diablillo respondió que como el hacer mal era naturaleza suya, no podía dejar de ejecutarlo.]

g)

En (una) venta estaban almorzando algunos viajeros y el Diablillo, por no dejar de hacer allí de las suyas, tomó la forma de un feroz lobo y se puso a pasearse delante de la puerta a la vista de todos. Dijo un viajero:

—¿Hay mayor desafuero que el de aquel animal, que a la luz del día está allí todo confiado y a vista de nosotros, sin temer el daño que podemos hacerle? ¡Bastante razón es que lo pague con la vida!

Diciendo esto agarró una escopeta y apuntó al lobo para tirar sobre él. Detrás de aquél salieron todos los que había en la casa, algunos con espadas desnudas, otros con piedras, dardos y garrotes ...Caían las pedradas en vano. Los que llevaban las espadas y otras armas, cuando les parecía que asestaban golpes, sólo los perdían en el aire... Así, mofándose de todos, el Diablillo les llevó extraviados más de una hora siguiéndole por los lugares más espesos y peligrosos de aquella comarca, en las cuevas y los barrancos de la cual caían muchos y se lastimaban.

h)

Peralta salió de la posada y se fue caminando... Llegando al lugar que se llama Valle de Cebola, fue asaltado por cuatro salteadores con máscaras y pistolas, uno de los cuales dijo a Peralta que soltase luego la bolsa que traía... Los salteadores empezaban a empaquetar todos los despojos de Peralta cuando oyeron una tropa de caballería y una voz que venía adelante diciendo:

—¡Dense a prisión, ladrones, de la parte del Rey! ¡Cierra! ¡Cierra! ¡Prende! ¡Prende! ¡Y los que resistan, que mueran!

Dejando caer el botín se aligeraron todos para mejor correr y pusieron los pies en polvorosa imaginando que había sido cautela de la justicia mandar a Peralta solo para adelante, para que ellos le salteasen, y luego se diese con ellos en el acto de robarle.

... Llegando a Peralta el Diablillo..., dijo:

—¿Qué habría sido de ti, compañero, y con qué posesiones entrarías en Lisboa si yo no te hubiera socorrido con la llegada que fantásticamente fingí?

i)

El Diablillo, luego que se había separado de Peralta, fue a pasearse en el muelle, esperando las barcas que llegasen de Lisboa. Llegó una a la vela y al remo, para meterse delante de otra y ocupar el muelle primro. El arráez de la barca que quedaba por detrás, viendo que no había lugar para descargar, dio al arráez de la primera que desatase su bote y que lo volviese a atar con la proa junta al muelle, y que así cabrían los dos. El primero respondió que tuviese paciencia, que él había llegado primero y que él primero había de descargar... Y después de «¡Sí dejará!» y «¡No dejará!», «¡Ate la barca!», «¡No he de atarla!» y otras razones que se entrecruzaron, todo ello urdido y fomentado por el Diablillo en un lado después de otro, una rija cruel sucedió entre los dos..., hasta que tras muchos descalabros llegó la justicia y les metió en paz...

Los barqueros que se habían quedado fuera de la pendencia para poder hacer viaje aquel día acudieron a sus barcas, y como entre ellos iban algunos apasionados por la una o la otra parte, volvieron a recalentar la carne fría de la pendencia pasada. El Diablillo, para atizarles, había desatado las velas de las embarcaciones, los timones fuera de su lugar, las anclas levantadas, los remos atorados en el lodo, hasta tal punto que, si hubiera más agua, las barcas podrían navegar sin dueño para dondequiera que el viento las llevase... El Diablillo, que iba confundiendo todo para incitar a la gente, decía que estaba muy mal hecho el pelearse entre sí, siendo todos compañeros y pudiendo haber paz. Luego, el que habló primero, estimulado, dijo que aquellas bellaquerías eran de cobardes y flacos..., y era tal la algazara que nadie se entendía... Pero como en aquella ocasión había amanecido y había llegado mucha gente ya para embarcarse, no dejó el Diablillo ir adelante la pendencia y metió a todos en paz, pidiéndoles que estuviesen quietos para que no se dijese que en una tierra donde todos eran tíos y parientes hubiese tales disensiones y discordias...

[Peralta no acababa de dar gracias a Dios de verse con el remedio para su intento, y libre de tan infernal compañero... El día siguiente se vistió el hábito del seráfico padre San Francisco, lo cual recibió con gran edificación y alegría.]

Anónimo: *Obras do Diabinho da mão furada, para espelho de seus enganos e desengano de seus arbitrios. Palestra moral e profana, donde o curioso aprenda para o divertimento ditames e para o passatempo recreios, apud,* António José da Silva [O Judeu], *Obras completas,* IV, editado por José Pereira Tavares, Lisboa, 1958.

Colección Támesis

SERIE D — REPRODUCCIONES EN FACSÍMIL